LA APASIONANTE HISTORIA DE
LOS MUNDIALES

DE 1930 A 2026
LA APASIONANTE HISTORIA DE
LOS MUNDIALES
ANÉCDOTAS, GRANDES ESTRELLAS Y CURIOSIDADES
ALBERTO LATI
Ilustrado por Luis Atilano
B

El papel utilizado para la impresión de este libro ha sido fabricado a partir de madera procedente de bosques y plantaciones gestionadas con los más altos estándares ambientales, garantizando una explotación de los recursos sostenible con el medio ambiente y beneficiosa para las personas.

La apasionante historia de los mundiales
Anécdotas, grandes estrellas y curiosidades

Primera edición: septiembre, 2025

penguinlibros.com

ISBN: 978-607-386-201-1

Impreso en México – *Printed in Mexico*

Más allá de Mundiales y letras,
a mis verdaderas pasiones,
motores e inspiración de cuanto
emprendo, causa y fin de todo:
Sara, Tamara, Adolfo, Rubén.

LA DIOSA DE

Quitando las guerras, no existe hoy evento o instante en el que se entonen los himnos con semejante delirio como en un Mundial. La lógica nos obliga a recordar —y con plenos argumentos— que no es el país el que juega, sino apenas un puñado de exponentes de su futbol. Sin embargo, las fibras más sensibles de nacionalismo y pertenencia se ven desbordadas.

Mientras esos once jóvenes se abrazan al centro de la cancha para cantar los versos nacionales entre lágrimas, gargantas desgañitadas, quijadas trabadas, buena parte de sus compatriotas lo hace olvidando que se encuentran unos metros arriba en la tribuna o a miles de kilómetros en la casa, el trabajo, la calle, el bar. Al observar a adultos disfrazados hasta las calcetas de futbolistas e incluso soltando las extremidades con tintes de calentamiento, pareciera como si pisaran césped mundialista listos para patear el balón y anotar en nombre de la patria. De algún modo, todos quienes así lo pretenden, ahí están, alineados por el seleccionador.

Especie de regreso a otra etapa de la civilización en la que cada grupo se sentía representado por ciertos elegidos, privilegiados, tocados por los dioses. No en vano, el nombre del libro del escritor mexicano Juan Villoro, *Los once de la tribu*.

Esa magia no tiene par ni siquiera en los certámenes más relevantes a nivel de clubes. En ellos, esos mismos muchachos triunfan junto a colegas de innumerables países, idiomas, tradiciones, procedencias. Equipos en los que se convierten en millonarios, pero no hay dinero capaz de cambiar el orden del futbol: lo primero es lo primero, lo primero es la selección, nada como ese trofeo dorado.

Cuando nos acercamos a la edición 23 de la Copa del Mundo, realizamos aquí un viaje desde la semilla, en Uruguay 1930, hasta la actualidad con los estadios mexicanos, estadounidenses y canadienses engalanados para vivir la continuación de esta fascinante historia en el verano de 2026.

LAS PASIONES

En este libro recorremos las gestas y las sorpresas. Nos emocionamos con los niños que se elevaron a leyendas y nos frustramos con las leyendas que se resignaron a que lo suyo con el Mundial no iba a ser. Relatamos las más extrañas curiosidades y anécdotas que ni el guionista más avezado se hubiera atrevido a convertir en ficción. Explicamos la inevitable (y a ratos siniestra) interacción de la política con el deporte y cada episodio histórico reflejándose en el terreno de juego. Brincamos de los momentos dramáticos a los insólitos, a los inspiradores, a los absurdos, a los épicos, a los artísticos, a los gloriosos, a los grotescos que se han escenificado en Mundiales.

Saltamos con Pelé para rematar en 1970, driblamos a los ingleses con la zurda de Maradona en 1986, silenciamos al Maracaná con Obdulio Varela en 1950, escrutamos el pizarrón naranja para entender la vanguardia de Johan Cruyff en 1974, resucitamos con Ronaldo en Yokohama en 2002, analizamos el polémico bote en la línea que da el título a Inglaterra en 1966, cabeceamos con Zidane hacia la portería en 1998... y hacia el pecho de Materazzi en 2006, celebramos con Andrés Iniesta en 2010, sentimos el alivio de Messi al ganar lo que le faltaba en 2022, gambeteamos sin parar con Garrincha en 1962, nos dolemos del hombro dislocado con Franz Beckenbauer en 1970, reclamamos un gol anulado con Ferenc Puskás en 1954.

Los Mundiales, su apasionante historia. Los himnos nacionales han terminado, los rivales se estrechan las manos, los capitanes vuelven del volado, los fotógrafos salen de la cancha, los aficionados intentan en vano regresar al sillón, silbatazo inicial, arrancamos...

A. L.,
Ciudad de México, mayo 2025

Campeón: URUGUAY • Subcampeón: ARGENTINA • Tercer lugar: EE.UU.

Crack: JOSÉ LEANDRO ANDRADE (URU)
Campeón goleador: GUILLERMO STÁBILE (ARG) 8 goles
Mejor portero: ENRIQUE BALLESTRERO (URU)

13 selecciones participantes • 18 partidos • promedio de 3.88 goles por partido

URUGUAY 1930

Uruguay fue el primer campeón mundial, ratificando la condición de máxima potencia que ya presumía por sus dos coronas olímpicas. La final, de enorme rispidez dada la rivalidad que separaba a los charrúas de sus vecinos argentinos, evidenció que nadie en el planeta jugaba futbol como los rioplatenses. Picardía, gambeta, creatividad, estética, improvisación... y mucha pasión.

JOSÉ LEANDRO ANDRADE

1901-1957

Un casual encuentro entre dos personajes de nombre José, en las calles de Montevideo en 1921, resultaría básico para la coronación mundialista. José Nasazzi, líder y capitán del club Bella Vista, detectó dominando una pelota a José Leandro Andrade y le suplicó que se incorporara a su equipo.

Juntos llevarían a Uruguay a ganarlo todo, incluida la gloria mayor en 1930, el Mundial. En sus ratos libres percusionista y bailarín, Andrade dotaba idéntico ritmo y cadencia a cada toque al balón. Virtuoso y desequilibrante, explosivo e inventivo, impredecible y acrobático, indomable en honor de su padre que escapó a la esclavitud y siempre reivindicativo de su origen humilde, sería la primera gran figura mundialista.

PRINCIPALES ESTADIOS	CAPACIDAD
Estadio Centenario, Montevideo	*90 000*
Estadio Pocitos, Montevideo	*10 000*
Gran Parque Central, Montevideo	*20 000*

Uruguay 1930
TABLA DE RESULTADOS

Grupo 1

Argentina	6
Chile	4
Francia	2
México	0

Francia	4-1	México
Argentina	1-0	Francia
Chile	3-0	México
Chile	1-0	Francia
Argentina	6-3	México
Argentina	3-1	Chile

Grupo 2

Yugoslavia	4
Brasil	2
Bolivia	0

Yugoslavia	2-1	Brasil
Yugoslavia	4-0	Bolivia
Brasil	4-0	Bolivia

Grupo 3

Uruguay	4
Rumania	2
Perú	0

Rumania	3-1	Perú
Uruguay	1-0	Perú
Uruguay	4-0	Rumania

Grupo 4

EE.UU.	4
Paraguay	2
Bélgica	0

EE.UU.	3-0	Bélgica
EE.UU.	3-0	Paraguay
Paraguay	1-0	Bélgica

Semifinales

Argentina	6-1	EE.UU.
Uruguay	6-1	Yugoslavia

Final

Uruguay	4-2	Argentina
Dorado 12´		Peucelle 20´
Cea 56´		Stábile 37´
Iriarte 68´		
Castro 89´		

En el primer penalti mundialista, el francés Alex Thépot atajó al chileno Carlos Vidal. Otros pioneros en 1930: Bert Patenaude (EE.UU.) con el primer triplete y Plácido Galindo (Perú) con la primera expulsión.

El primer trofeo Copa Jules Rimet

La diosa helena de la victoria, Niké, con las alas abiertas, inspiró el trofeo de las Copas del Mundo. Diseñado por el artista francés Abel Lafleur, con 35 centímetros de alto, se estipuló que rotaría en propiedad de ganador en ganador, sólo otorgándose en definitiva a la selección que conquistara tres Mundiales (hito logrado por Brasil en 1970).

En 1946 se rebautizaría como Copa Jules Rimet, en homenaje al presidente de la FIFA que luchó por crear el Mundial.

La FIFA se fundó en 1904 con la idea de organizar un torneo de futbol. El proyecto se pospondría hasta 1930, aunque, en medio de cancelaciones e incertidumbre, el inicio distaría de lo soñado. Tan confuso que el primer Mundial ni siquiera se disputó en las fechas registradas en el póster oficial y duró la mitad del tiempo establecido.

Uruguay obtuvo el derecho de ser anfitrión por colgarse el oro en los dos Olímpicos previos. Minúsculo país sudamericano que se diera a conocer en Europa a través de sus gestas futboleras, aprovecharía la coincidencia de mes para celebrar el centenario de su independencia en pleno Mundial (de ahí el nombre del estadio medular).

No importó que los charrúas asumieran los gastos de las diversas selecciones, entre la crisis económica por el *crash* de Wall Street y la cantidad de futbolistas sin permiso para faltar a sus empleos, el común de los europeos se negó a participar. Apenas lo harían cuatro selecciones no americanas. Francia y Bélgica accedieron desde un principio. Rumania se integró cuando el muy futbolero rey Carol II asaltó su trono, quien, no conforme, convenció a sus vecinos yugoslavos de inscribirse en la competición (casi con puros serbios, con quienes los croatas rechazaron compartir equipo).

El trasatlántico SS Conte Verde zarparía de Génova e iría recogiendo en diferentes puertos al conjunto belga, rumano y francés, con quienes abordó el presidente de la FIFA, Jules Rimet, y el flamante trofeo para consagrar al campeón del mundo. Los yugoslavos viajaron en otra embarcación, a la que, por cierto, llegaron tarde los egipcios, con lo que su debut mundialista se postergó.

Con sólo trece representativos, los grupos quedaron incompletos. El sorteo además propició que Uruguay y Argentina se toparan hasta la final, como sucedería. Ese día el Río de la Plata se llenó de navegantes argentinos, deseosos de presenciar el choque por el título. Duelo que tornó tan violento que el árbitro exigió que un barco lo esperara para huir en cuanto silbara la conclusión. Uruguay vino de atrás para imponerse y añadir a su escudo la tercera estrella, apegado a la noción de que los oros olímpicos contaban como cetros mundiales.

No defendería su corona en Italia 1934, en represalia por la ausencia y desdén de tantos europeos en ese primer torneo. •

La final del primer Mundial desataría semejante escalada de tensión que los contendientes no se ponían de acuerdo ni en el balón con el que jugarían, ambas partes obstinadas en que se utilizara su propia pelota.

Luego de largas negociaciones se pactó que el primer tiempo fuera con el esférico de los argentinos y el segundo con el de los uruguayos. Curiosamente, la albiceleste se marchó al descanso arriba 2-1, marcador que terminó en 4-2 con los tres tantos charrúas en el complemento. Es decir, cada cual se impuso con su balón.

Una enemistad que ya tenía historia. En 1924, el argentino Cesáreo Onzari anotó a los uruguayos desde el tiro de esquina y, para burlarse del cetro olímpico abollado, los argentinos lo titularon "gol olímpico". O en 1928, tras la final en los Juegos de Ámsterdam, se le ocurrió al músico Carlos Gardel invitar a los dos planteles a fraternizar en un convivio. Mientras cantaba unos tangos, los futbolistas se trenzaron en tal trifulca que hasta reventaron el violín con el que el atacante Raimundo Orsi acompañaba a Gardel. •

ÓSCAR BONFIGLIO, PORTERO MEXICANO

MÉXICO EN URUGUAY 1930

Cuando los dirigentes de la FIFA ya apremiaban al equipo mexicano para que saltara a la cancha del estadio Pocitos, el director técnico, el español Juan Luque de Serrallonga, entonó un último discurso: siendo Francia el rival, pedía a sus pupilos honrar a Ignacio Zaragoza y la Batalla de Puebla, en la que el ejército mexicano venciera al francés en 1862.

Sin embargo, eso no fue posible. El delantero *bleu*, Lucien Laurent, anotaría al guardameta mexicano, Óscar Bonfiglio, el primer gol mundialista de la historia. 4-1 sería la goleada en ese cotejo debut. Días después, México caería 3-0 con Chile y 6-3 a manos de Argentina. Tres derrotas en tres partidos.

De lo poco rescatable, el penal atajado por Bonfiglio al *crack* albiceleste Fernando Paternóster, el primer gol obra de Juan *Tompo* Carreño o el extraño torneo de Manuel Rosas con un autogol y un doblete.

Como capitán tricolor apareció Rafael Garza Gutiérrez, apodado *Récord*, quien fundara el club América y luego fuera de los inventores de la porra siquitibum, surgida al escuchar el traquetear de un tren de camino a una gira.

Campeón: ITALIA • Subcampeón: CHECOSLOVAQUIA • Tercer lugar: ALEMANIA

Crack: MATTHIAS SINDELAR (AUT)
Campeón goleador: OLDŘICH NEJEDLÝ (CZE) 5 goles
Mejor portero: RICARDO ZAMORA (ESP)

16 selecciones participantes • 17 partidos • promedio de 4.11 goles por partido

ITALIA 1934

Italia conquistaría la segunda Copa del Mundo casi por decreto. Un torneo marcado por las escandalosas decisiones arbitrales a favor del anfitrión, por la politización de cuanto aconteció en la cancha y por la obligación italiana de coronarse resumida en una frase que, se plantea, Benito Mussolini lanzó al director técnico de su selección, Vittorio Pozzo: "Vencer o morir".

MATTHIAS SINDELAR

1903-1939

La siguiente revolución del balón, tras la rioplatense, brotó desde otro caudal, el Danubio. Su máximo exponente fue Matthias Sindelar, *crack* apodado *Der Papierene*, "hombre de papel".

Llegó al Mundial de 1934 como figura del favorito, el *Wunderteam* austriaco. "Equipo maravilla" que caería en semifinales ante una Italia beneficiada por el arbitraje.

Para 1938 su tierra era anexada por la Alemania nazi. Con ello, los austriacos ya resultaban convocables por el cuadro germano, mas Sindelar se negó. Incluso, en el partido de la reconciliación que enfrentaba por última ocasión a Alemania con Austria, desafió la exigencia de empatar y anotó para el triunfo austriaco.

En 1939 amanecía muerto en Viena, crimen nunca esclarecido.

PRINCIPALES ESTADIOS	CAPACIDAD
Stadio Nacionale PNF, Roma	*47 000*
Stadio San Siro, Milán	*35 000*
Stadio Partenopeo, Nápoles	*40 000*

Italia 1934

TABLA DE GRUPOS Y RESULTADOS

Octavos de final

España	3-1	Brasil
Hungría	4-2	Egipto
Suiza	3-2	Países Bajos
Italia	7-1	EE.UU.
Checoslovaquia	2-1	Rumania
Suecia	3-2	Argentina
Austria	3-2	Francia
	tiempos extra	
Alemania	5-2	Bélgica

Cuartos de final

Austria	2-1	Hungría
Italia	1-1	España
	tiempos extra	
Alemania	2-1	Suecia
Checoslovaquia	3-2	Suiza

Desempate

Italia	1-0	España

Semifinales

Italia	1-0	Austria
Checoslovaquia	3-1	Alemania

Tercer lugar

Alemania	3-2	Austria

Final

Italia	2-1	Checoslovaquia
	tiempos extra	
Orsi 81´		Puc 71´
Schiavio 95´		

Ante el registro de 32 representativos, hasta el anfitrión fue obligado a ganarse su sitio, algo que no se ha repetido. Italia goleó a Grecia 4-0 en la ida (gran desempeño de Giuseppe Meazza) y dejó a los helenos tan heridos que cancelaron la vuelta en Atenas. Argentina y Brasil calificaron directo luego del abandono de sus respectivos rivales en la eliminatoria, chilenos y peruanos.

Ahora sí llegaron... Debut africano

A cuatro años de perderse el Mundial de Uruguay por llegar tarde al barco con el que cruzaría el océano Atlántico, Egipto al fin fue mundialista. Con su participación en Italia 1934 se convirtió en la primera selección no europea ni americana en este certamen.

Rarezas del destino, los egipcios regresarían a una Copa del Mundo hasta que Italia volvió a ser sede, en 1990.

Ante la renuncia de Uruguay a defender el trofeo, emergieron varios candidatos a subirse al trono. En primera línea, el *Wunderteam* austriaco, una generación de talentos capaces de ejecutar con maestría los innovadores conceptos de su entrenador, Hugo Meisl. Después venía España con el acrobático portero Ricardo Zamora, además de estrellas que luego, durante la Guerra Civil, brillarían en la selección vasca (Lángara, Gorostiza, Iraragorri). Lo mismo, Checoslovaquia tenía un arquerazo, František Plánička, y al prolífico atacante Oldřich Nejedlý. Se pensaba que el único que podía derrotar a esos tres equipos, era Inglaterra, otra vez ausente por sentirse superior.

No obstante, el campeón sería Italia, que había persuadido a la FIFA de su idoneidad como sede al ofrecer montos y condiciones inimaginados para organizar el torneo. Benito Mussolini, quien asaltara el poder de este país desde 1922, manosearía el Mundial para consolidar aún más su liderazgo.

El clamor *Italia, Duce!* (cargo de honor de Mussolini), precedería los juegos, entre saludos fascistas y gradas llenas de "Camisas negras", la tropa más leal al dictador. Por si faltara, la final se jugaría en el Estadio del Partido Nacional Fascista y el escenario de Turín concisamente se denominaría Benito Mussolini.

El conjunto italiano era guiado con puño de hierro por su seleccionador, Vittorio Pozzo, quien sólo daba libertad de movimiento al genial Giuseppe Meazza. En cuartos de final igualó a uno con España valiéndose de un gol ilegal y propinando golpes como si volviera el medieval *Calcio fiorentino* a ese césped en Florencia.

Para el duelo de desempate, los españoles no pudieron alinear a siete titulares lesionados, incluido el guardameta Zamora con costillas rotas. Ese día, se anularon dos tantos indiscutibles a España e Italia avanzó. El árbitro suizo, René Mercet, sería inhabilitado de por vida. Los locales vencieron a Austria en semifinales con otro arbitraje de escándalo, ahora del sueco Iván Eklind, quien, como premio, también pitaría la final contra Checoslovaquia.

Italia se consagraba campeona mundial y el deporte descubría los peligros de la manipulación por la política más extrema. Tiempos oscuros para el futbol y, sobre todo, para la humanidad. •

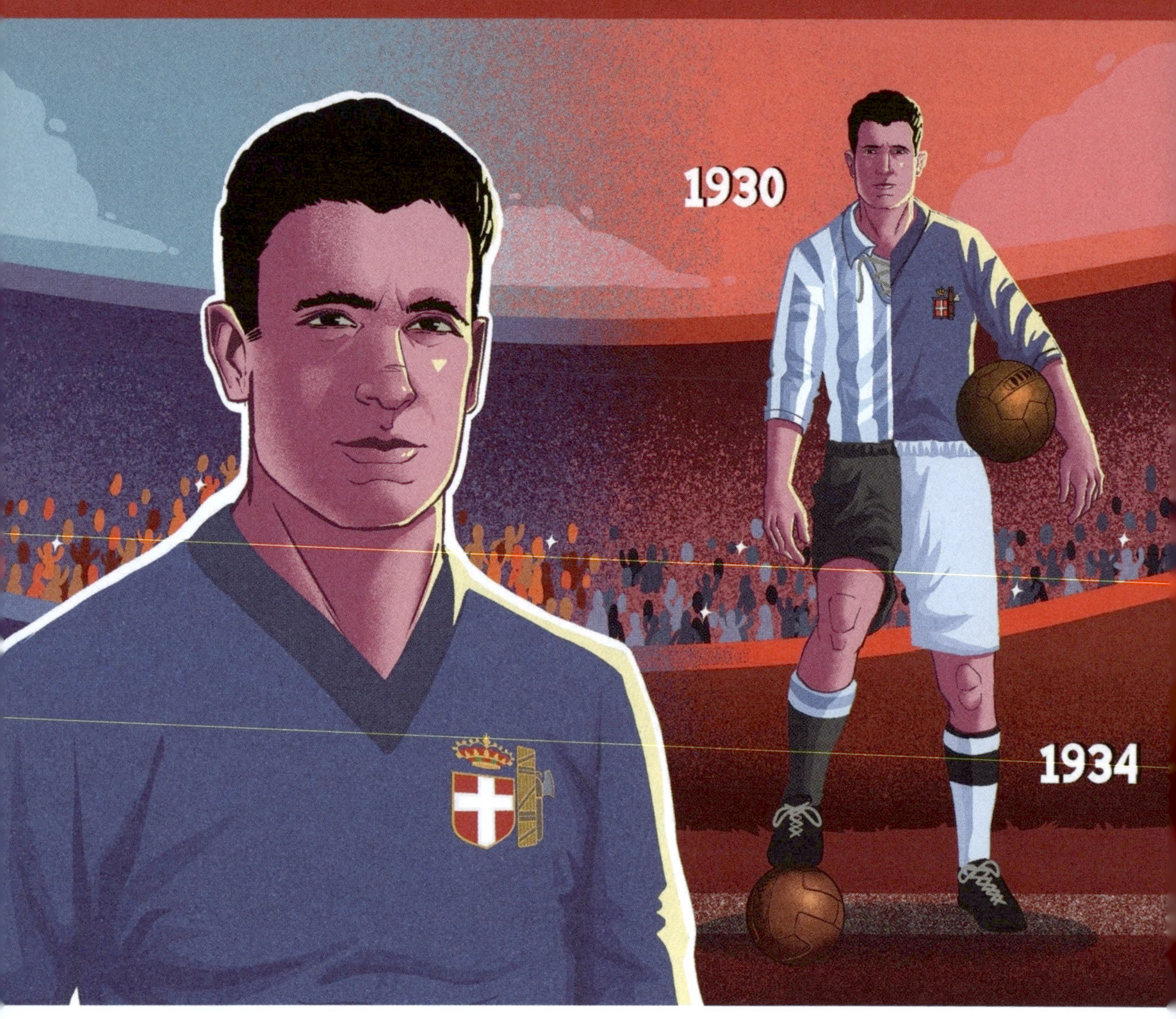

Como *oriundi* se refirieron en Italia a los futbolistas nacidos en el exterior y que ya hasta habían jugado para otra selección, pero que por su ascendencia italiana conformaron este equipo en el Mundial de 1934.

Cuatro mundialistas argentinos en 1930 (Luis Monti, Raimundo Orsi, Enrique Guaita y Attilio Demaría), aparte del brasileño Filó Guarisi, se integraron a la *Azzurra*.

El seleccionador Vittorio Pozzo respondió a las críticas aseverando que su ejército también reclutaba a muchachos de padres o abuelos italianos: "si pueden morir por Italia, pueden jugar para Italia", insistía.

Luis Monti posee un récord difícil de replicarse: dos finales de Mundiales consecutivas con representativos distintos. La primera la perdió, en 1930, con su país de nacimiento; la segunda la ganó, en 1934, con el de sus ancestros.

En adelante, Italia continuaría recurriendo a *oriundi*. Por ejemplo, Omar Sívori y José Altafini en los sesenta, Mauro Camoranesi en la coronación de 2006 o tres ítalobrasileños en el título europeo de 2021. La tradición inició en 1914 con Eugenio Mosso, nacido en una familia italiana en Argentina. •

MÉXICO EN ITALIA 1934

A diferencia de lo sucedido cuatro años antes, cuando participó en el Mundial quien quiso, para 1934 fue necesario un breve clasificatorio.

A México le bastaba con imponerse a Cuba para amarrar su boleto y lo logró en tres cotejos disputados en el Parque Necaxa. Sin embargo, EE.UU. se inscribió tarde y la FIFA lo aceptó, añadiendo un obstáculo al Tri.

El sorteo de grupos determinó que Italia enfrentaría a quien ganara el cupo pendiente entre mexicanos y estadounidenses. La curiosidad italiana por conocer a su rival hizo que ese duelo se realizara en Roma y a tres días de la inauguración mundialista.

Cuatro goles de Aldo Donelli, apodado *Búfalo* por su fortaleza, eliminaron a un Tri que por dos semanas había atravesado el Atlántico en barco sin saber que sería para un solo encuentro oficial. Increíblemente, ese día se confinó a la banca a la mayor promesa mexicana, el joven Luis de la Fuente, *El pirata*. En cuanto a Donelli, no jugaría de nuevo futbol tras ese verano, concentrándose en el futbol americano como entrenador de la Universidad de Pensilvania y hasta de los Pittsburgh Steelers.

Campeón: ITALIA • Subcampeón: HUNGRÍA • Tercer lugar: BRASIL

Crack: GIUSEPPE MEAZZA (ITA)
Campeón goleador: LEÔNIDAS DA SILVA (BRA) 7 goles
Mejor portero: FRANTIŠEK PLÁNIČKA (CZE)

15 selecciones participantes • 18 partidos • promedio de 4.67 goles por partido

FRANCIA 1938

Italia se elevó a primera bicampeona de la historia con un plantel muy distinto al consagrado cuatro años antes en su país, con apenas cuatro futbolistas repitiendo título. Una competición en la que tuvo especial brillo el majestuoso crack *brasileño, Leônidas Da Silva, pero en la que también abundaron los partidos marcados por una violencia desmedida.*

GIUSEPPE MEAZZA

(1910-1979)

Costaba imaginar que Peppino jugara futbol con tan quebradizo cuerpo. Bajito y delgado desde la infancia, la pobreza en la que se crio pronto agravó ante la pérdida de su padre, fallecido en la Primera Guerra Mundial.

El AC Milan lo rechazó por su endeble físico. Entonces acudió con el acérrimo rival, el Inter. Para sorpresa de los veteranos del club, incrédulos de que con esa aparente fragilidad pudiera enfrentar a profesionales, inició una carrera de leyenda.

Impredecible y creativo, dos veces campeón del mundo y en ambas como máxima estrella del equipo, a la fecha divide al *Derby della Madonnina*: el Inter llama al estadio en su honor, el Milan prefiere hacerlo como el barrio, San Siro.

PRINCIPALES ESTADIOS	CAPACIDAD
Stade Olympique de Colombes, París	*60 000*
Stade Vélodrome, Marsella	*48 000*
Parque de Los Príncipes, París	*40 000*

Francia 1938

TABLA DE GRUPOS Y RESULTADOS

Suiza	1-1	Alemania
	tiempos extra	
Hungría	6-1	Indias Orientales Neerlandesas
Suecia	-	Austria *compitió integrada a Alemania*
Cuba	3-3	Rumania
	tiempos extra	
Francia	3-1	Bélgica
Italia	2-1	Noruega
	tiempos extra	
Brasil	6-5	Polonia
	tiempos extra	
Checoslovaquia	3-0	Países Bajos
	tiempos extra desempate	
Suiza	4-2	Alemania
Cuba	2-1	Rumania

Cuartos de final

Hungría	2-0	Suiza
Suecia	8-0	Cuba
Italia	3-1	Francia
Brasil	1-1	Checoslovaquia
	tiempos extra desempate	
Brasil	2-1	Checoslovaquia

Semifinal

Hungría	5-1	Suecia
Italia	2-1	Brasil

Tercer lugar

Brasil	4-2	Suecia

Final

Italia	4-2	Hungría
Colaussi 6´		Titkos 8´
Piola 16´		Sarosi 70´
Colaussi 35´		
Piola 82´		

Jules Rimet, mandamás de la FIFA, desechó la propuesta del cineasta René Lucot para filmar un documental del Mundial. Por fortuna, otros directivos aceptaron el proyecto y hoy contamos con un valioso testimonio del torneo.

Entre micrófonos y redes ¿Comentar o jugar?

Cuba no sólo se convirtió en la primera selección del Caribe en un Mundial, sino que además superó una ronda... y eso sin su portero titular.

Igualó a tres contra Rumania en su debut, con Benito Carvajales defendiendo la portería. Para el desempate, el guardameta informó al director técnico que no estaba disponible, ya que relataría el partido en la transmisión por radio. Con su sustituto Juan Ayra atajando heroico, Cuba ganó 2-1 para meterse a cuartos de final.

Ahí regresó Carvajales al arco, recibió ocho goles de Suecia y quedó eliminado. Difícilmente se repetirá que en pleno Mundial un futbolista prefiera comentar que jugar.

El inminente estallido de la Segunda Guerra Mundial, la Guerra Civil española y numerosas circunstancias (como la coincidencia del partido de Egipto con el mes sagrado del islam, Ramadán) contribuyeron a una eliminatoria llena de cancelaciones rumbo al certamen de 1938. Tantas que se terminaron clasificando sin jugar las debutantes Cuba e Indias Orientales Neerlandesas (actual Indonesia).

Italia renovó casi en su totalidad el plantel campeón en 1934 y se lanzó a la defensa de su cetro con los experimentados Giuseppe Meazza y Giovanni Ferrari al frente. En cuartos de final, contra los anfitriones franceses, retornó la politización del Mundial anterior. Aprovechando la similitud de los dos uniformes, los italianos vistieron de negro en obvia alusión a la tropa más leal a Mussolini, los *brigate nere*, y con esa casaca se impusieron.

En esta ocasión Italia no gozaba del descarado favor de los arbitrajes de 1934, aunque sí con un equipo más sólido. Su mayor desafío saldría del ríspido choque entre Checoslovaquia y Brasil. Juego que resultó tan salvaje que se le denominó la Batalla de Burdeos. Igualaron a uno con tres expulsados y al menos cinco elementos con severas lesiones, muchos de ellos impedidos de disputar el desempate.

Leônidas Da Silva, imponente goleador que anotaba en el mismo partido con calzado y descalzo, se recuperó a tiempo para eliminar a los checoslovacos. Sin embargo, una vez llegada la semifinal contra Italia, cundió la incomprensión: Leônidas no figuraba en el once de Brasil y, para colmo, su sitio no lo ocupaba el otro gran delantero, Niginho. Este último, siendo ítalobrasileño, jugó en la Lazio e incluso fue soldado en el ejército italiano, con lo que los italianos protestaron su nacionalidad brasileña, impidiendo que alineara.

Por siempre perseguiría al seleccionador Pimenta esa decisión. ¿Excluyó a Leónidas para guardarlo de cara a la eventual final? ¿Lo hizo por las garantías que le ofrecía Niginho sin sospechar que sería vetado? ¿En verdad estaba lastimado? Brasil cayó con Italia y Leônidas volvió para marcar doblete en el duelo por el tercer puesto.

La *Azzurra* se coronaría venciendo en la final a Hungría con una soberbia actuación de Silvio Piola. Primer campeón mundial fuera de casa, primer bicampeón de la historia. •

El 5 de marzo de 1938, un niño de seis años, Yves, nieto de Jules Rimet, se paró sobre el escritorio del parisino Salon de l'Horloge para extraer de una copa papelitos con los nombres de cada selección. Su manita definió los cruces del tercer Mundial, incluido que la poderosa Austria enfrentaría a Suecia.

Sólo una semana después, tropas nazis accedían entre aclamaciones y vítores a Viena, consumándose la denominada *Anschluss* o anexión. De la nada ya eran una misma nación y sus futbolistas portarían el mismo uniforme. Eso dejó el cuadro mundialista incompleto. La FIFA intentó añadir de emergencia algún equipo, mas le fue imposible, con lo que Suecia avanzó a cuartos de final por default.

En cuanto a Alemania, su entrenador, Sepp Herberger, recibió la indicación de que debía armar su alineación con seis alemanes y cinco austriacos a fin de proyectar desde la cancha la unión de los dos pueblos. La fórmula fracasó y esa Alemania quedó eliminada en su debut, culpándose a los austriacos de no esforzarse lo suficiente por el país que recién los había absorbido. •

MÉXICO EN FRANCIA 1938

Por primera y única vez, México se adhirió al boicot de un mega evento deportivo al negarse a participar en el Mundial de 1938. Eso, como acto de solidaridad con Argentina, a quien se le había prometido la organización de este torneo, pacto luego incumplido.

Los dirigentes argentinos pensaban que el congreso de la FIFA de 1936, en la Ópera Kroll de Berlín, se limitaría a oficializar que la tercera Copa del Mundo les correspondía debido a que la anterior se realizó en Europa. No obstante, se sometió la sede a votación y la candidatura francesa, comandada por Jules Rimet, arrasó. Argentina logró que la mayoría de las delegaciones americanas abandonaran a su lado: EE.UU., Colombia, Costa Rica, El Salvador, Guyana neerlandesa (hoy Surinam) y México renunciaron al certamen. De América nada más se registraron dos rebeldes, Brasil y Cuba, esta última estrenándose.

Así nos perdimos de ver juntos en un Mundial a dos delanteros mexicanos de época: Luis de la Fuente y Horacio Casarín. Otra razón por la que el Tri dio la espalda a ese Mundial fue la falta de recursos económicos. ⚽

Campeón: URUGUAY • Subcampeón: BRASIL • Tercer lugar: SUECIA

Crack: JUAN ALBERTO SCHIAFFINO (URU)
Campeón goleador: ADEMIR (BRA) 9 goles
Mejor portero: ROQUE MÁSPOLI (URU)

13 selecciones participantes • 22 partidos • promedio de 4 goles por partido

BRASIL 1950

Una de las mayores sorpresas y, sin duda, la más grande desolación que cualquier anfitrión haya vivido, se resumen con el término Maracanazo: la caída de Brasil ante el heroico Uruguay en el partido que determinó al campeón. Un torneo y un estadio que, como el mismo pueblo brasileño, se sentían concebidos para coronarse aquel 16 de julio que por siempre mantendrá tintes trágicos.

JUAN ALBERTO SCHIAFFINO

1925-2002

Su naturaleza de llevar la contraria la traía de cuna. Cuando balbuceaba sus primeras palabras, Juan Alberto ya discutía. Por ello su madre lo apodó *Pepe*, como llaman en Uruguay a los pericos... y con ese nombre se opondría a más de 200 mil aficionados, seguros de que serían campeones del mundo.

En el Peñarol brilló por su técnica y elegancia, aunque también encontró al complemento que lo acompañaría en la Uruguay más épica: el temperamental Obdulio Varela. *Yin* y *yang*, juntos hicieron el milagro. El gol de Schiaffino, empate a uno en ese instante, bajó a Brasil de las nubes y le mostró el precipicio como ineludible opción.

Tras destacar en el siguiente Mundial, el AC Milan lo adquirió por un monto récord.

PRINCIPALES ESTADIOS	CAPACIDAD
Estadio Maracaná, Río de Janeiro	*200 000*
Estadio Pacaembú, São Paulo	*60 000*
E. Sete de Setembro, Belo Horizonte	*30 000*

Brasil 1950

TABLA DE GRUPOS Y RESULTADOS

Grupo 1

Brasil	5
Yugoslavia	4
Suiza	3
México	0

Brasil	4-0	México
Yugoslavia	3-0	Suiza
Brasil	2-2	Suiza
Yugoslavia	4-1	México
Brasil	2-0	Yugoslavia
Suiza	2-1	México

Grupo 2

España	6
Inglaterra	2
Chile	2
EE.UU.	2

Inglaterra	2-0	Chile
España	3-1	EE.UU.
España	2-0	Chile
EE.UU.	1-0	Inglaterra
España	1-0	Inglaterra
Chile	5-2	EE.UU.

"La máxima pena para un crimen en Brasil es de 30 años. Yo pago por aquel gol hace 50",

Moacir Barbosa, portero brasileño en 1950.

Grupo 3

Suecia	3
Italia	2
Paraguay	1

India abandonó

Suecia	3-2	Italia
Suecia	2-2	Paraguay
Italia	2-0	Paraguay

Grupo 4

Uruguay	2
Bolivia	0

Francia abandonó

Uruguay	8-0	Bolivia

Ronda Final

Uruguay	5
Brasil	4
Suecia	2
España	1

Uruguay	2-2	España
Brasil	7-1	Suecia
Brasil	6-1	España
Uruguay	3-2	Suecia
Suecia	3-1	España

Final

Uruguay	2-1	Brasil
Schiaffino 66´		Friaça 47´
Ghiggia 79´		

El debut que no ha sido

A tres años del Mundial, la India se independizó de la Gran Bretaña y, buscando unificar tan inmenso territorio, el primer ministro Jawaharlal Nehru, priorizó el deporte. Su equipo de futbol acudió a los Olímpicos de 1948 con la mayor parte del plantel actuando sin calzado.

Sus tres rivales rumbo a Brasil 1950 (Indonesia, Filipinas y la actual Myanmar) desistieron de jugar, lo que otorgó el pase a la patria del recién asesinado Mahatma Gandhi. Boleto que rechazaron. Según la versión más repetida, porque se pretendía obligarlos a usar zapatos, lo que es falso: la FIFA lo exigió hasta 1953. La calificación india a Copas del Mundo continúa sin suceder.

Así como Brasil no tuvo oposición para recibir la sede del regreso mundialista, imposible en una Europa en ruinas, se esperaba que no la tuviera para conquistar el trofeo.

Argentina no acudía por el pleito de su federación con la brasileña. Alemania estaba excluida por su condición de agresora en la reciente Segunda Guerra Mundial. Italia iba muy disminuida tras la tragedia de Superga de 1949, accidente aéreo en el que murieron 18 futbolistas del Torino, diez titulares en la selección. Checoslovaquia y Hungría renunciaron como todo el bloque afín a la Unión Soviética.

Mario Filho, periodista y dirigente, se empecinó en que la ciudad más futbolera, Rio de Janeiro, merecía el estadio más grande. Señalado como loco, los años le darían la razón: sería habitual que 200 mil personas se amontonaran ahí, al pie del Cristo de Corcovado, para vitorear al combinado nacional.

Se instauró una ronda preliminar para elevar la cifra de partidos y, por ende, los ingresos. Francia, India y Turquía cancelaron su participación y dejaron el cuadro tan incompleto que hubo dos grupos de cuatro, uno de tres y el restante de apenas dos representativos. Además, en un hecho nunca repetido, la final se sustituyó por una fase todos contra todos entre los líderes de los sectores: Brasil, Uruguay, España y Suecia.

Quiso el destino que los dos sudamericanos se enfrentaran en la jornada de clausura, ambos aspirando a la corona. Brasil tenía dos victorias por arrolladora goleada, Uruguay acumulaba un ganado y un empatado. Eso significaba que a los de casa les bastaba igualar para alzar el cetro, mientras que los charrúas debían imponerse.

Antes del silbatazo, el alcalde de Rio pronunció un discurso felicitando a sus jugadores por el título que en unas horas conseguirían. Nadie dudaba del nombre del vencedor. Triunfalismo multiplicado al adelantar Friaça a Brasil. Entonces Obdulio Varela, capitán uruguayo, agarró el balón y reclamó algo al árbitro, intentando bajar los decibeles de ese manicomio. Lo logró. De a poco, los celestes se adueñaron de la pelota. Gol de Schiaffino. Gol de Ghiggia. Dos golpes sin respuesta. Silencio total. Brasil despertó cuando todo había terminado. Jules Rimet entregó la copa a Obdulio sin ceremonia alguna. Brasil no volvió a jugar de blanco. •

Inglaterra al fin accedió a jugar un Mundial. No se imaginaba lo que le esperaba. Llegó tan sobrada que su estrella, Stanley Matthews, se incorporó tarde por estar de gira diplomática en Canadá. Los ingleses se impusieron a Chile sin él, así que frente a EE.UU., sinodal de aparente menor calidad, lo descansaron.

La noche previa un diario británico sugería que lo justo era conceder tres goles de ventaja a los norteamericanos. Un plantel en el que figuraban tres inmigrantes aún sin la ciudadanía, pero los ingleses no se molestaron en protestar. Uno de ellos, el haitiano Joe Gaetjens, abrió el marcador. Inglaterra se lanzó por el empate, mas el capitán de las barras y las estrellas, Ed McIlvenny, escocés que tampoco tenía la nacionalidad, cerró el acceso a su portería. Desde la banca, tiempos en los que no existían reemplazos, Matthews no daba crédito al desastre.

Cuando el telegrama llegó hasta las islas británicas, un periódico pensó que faltaba un dígito y que no era derrota 0-1 sino goleada 10-1. Tres días después, Inglaterra redondeó el fracaso al caer con España. •

MÉXICO EN BRASIL 1950

México, EE.UU. y Cuba disputaron dos boletos en el estadio de la Ciudad de los Deportes. El Tri arrasó, con el título de goleo compartido por sus delanteros, Horacio Casarín y Luis de la Fuente. Sin embargo, este último no sería considerado para el Mundial por el nuevo seleccionador, Octavio Vial.

Sí fue convocado un joven portero, Antonio *La Tota* Carbajal, que apuntaba a la suplencia, aunque terminó iniciando y abrió su gesta como primer cinco veces mundialista.

México estrenó el estadio Maracaná todavía con zonas en construcción. *La Tota* atajó lo que pudo, hasta que los locales golearon a México. Luego vendría otra paliza, frente a Yugoslavia 4-1, y el cierre en la misma línea, vencidos por Suiza 2-1, con una curiosidad: que helvéticos y mexicanos coincidían en el color guinda de la casaca. Se realizó un volado para decidir quién vestiría su uniforme y lo ganó México, que, pese a ello, apeló a la caballerosidad y cedió a Suiza el derecho. Nuestra selección jugaría a rayas blanquiazules, con playeras prestadas por el club Grêmio de Porto Alegre.

Campeón: ALEMANIA FEDERAL • Subcampeón: HUNGRÍA • Tercer lugar: AUSTRIA

Crack: FERENC PUSKÁS (HUN)
Campeón goleador: SÁNDOR KOCSIS (HUN) 11 goles
Mejor portero: GYULA GROSICS (HUN)

16 selecciones participantes • 26 partidos • promedio de 5.38 goles por partido

SUIZA 1954

Si la sorpresa del Maracanazo lucía insuperable, El milagro de Berna se ocupó de enfatizar que en el futbol nada es imposible. Hungría caería en la final con la misma Alemania Federal a la que había triturado sólo dos semanas antes en la fase de grupos. La irrepetible generación de Puskás, Kocsis, Czibor, Hidegkuti, perdería uno de 69 juegos entre 1950 y 1956: el más importante.

FERENC PUSKÁS

1927-2006

Su nuevo apellido presagiaría la potencia con la que su zurda impactaría el balón: Puskás, traducible del magiar como escopeta. De pequeño se llamaba Feri Purczeld, pero al crecer tensiones políticas con Alemania su familia maquilló el origen germano, reemplazándolo por una palabra húngara. Puskás resultó la patriótica elección.

Debutó adolescente en el cuadro que se convertiría en el Honved, club perteneciente al ejército que congregaría a los principales talentos de Hungría, base de una selección inolvidable, la *Aranycsapat* o "Equipo de oro".

Goleador y cerebro, tras exiliarse en 1956 en España, inició ya veterano otra etapa gloriosa, ahora con el Real Madrid. Multicampeón de Europa, ahí lo rebautizaron como Pancho.

PRINCIPALES ESTADIOS	CAPACIDAD
Wankdorfstadion, Berna	*64 000*
St. Jakob, Basilea	*54 000*
S. Olympique de La Pontaise, Lausana	*50 000*

Suiza 1954

TABLA DE GRUPOS Y RESULTADOS

Grupo 1

Brasil	3
Yugoslavia	3
Francia	2
México	0

Brasil	5-0	México
Yugoslavia	1-0	Francia
Brasil	1-1	Yugoslavia
	tiempos extra	
Francia	3-2	México

Grupo 2

Hungría	4
Alemania Fed.	2 *ganó desempate*
Turquía	2 *perdió desempate*
Corea del Sur	0

Alemania Fed.	4-1	Turquía
Hungría	9-0	Corea del Sur
Hungría	8-3	Alemania Fed.
Turquía	7-0	Corea del Sur
Desempate		
Alemania Fed.	7-2	Turquía

Grupo 3

Uruguay	4
Austria	4
Checoslovaquia	0
Escocia	0

Uruguay	2-0	Checoslovaquia
Austria	1-0	Escocia
Uruguay	7-0	Escocia
Austria	5-0	Checoslovaquia

Grupo 4

Inglaterra	3
Suiza	2 *ganó desempate*
Italia	2 *perdió desempate*
Bélgica	1

Suiza	2-1	Italia
Inglaterra	4-4	Bélgica
	tiempos extra	
Italia	4-1	Bélgica
Inglaterra	2-0	Suiza
Desempate		
Suiza	4-1	Italia

Cuartos de final

Austria	7-5	Suiza
Uruguay	4-2	Inglaterra
Alemania Fed.	2-0	Yugoslavia
Hungría	4-2	Brasil

Semifinales

Alemania Fed.	6-1	Austria
Hungría	4-2	Uruguay
	tiempos extra	

Tercer lugar

Austria	3-1	Uruguay

Final

Alemania Fed.	3-2	Hungría
Morlock 10´		Puskás 6´
Rahn 18´		Czibor 8´
Rahn 84´		

Muerte a medio partido

Tan dramático momento se suscitó en Lausana en la semifinal entre Hungría y Uruguay. Al anotar su segundo gol del día y empatar el marcador al minuto 86, el delantero charrúa Juan Eduardo Hohberg recibió abrazos de felicitación y, de súbito, se desplomó. Desde el exterior se pensó que estaba exhausto hasta que la reacción de sus compañeros permitió comprender la gravedad. Los médicos lo encontraron clínicamente fallecido. De manera providencial lo reanimaron.

En el colmo del absurdo, al extenderse el duelo a tiempos extra y no existir por entonces los relevos, siguió jugando. Tres días después, recién resucitado, aumentó su suma de goles en el cotejo por el tercer sitio.

Si alguien pensó que el Mundial sería un desfile triunfal de Hungría, se quedó corto. Nueve goles a Corea del Sur, ocho a Alemania Federal, cuatro tantos a Uruguay como a Brasil, y eso que desde cuartos de final no alineó a su *crack*, Ferenc Puskás, por lesión.

Un conjunto muy acoplado, el común de sus elementos provenía del Honved, en el que tenía amplia influencia el seleccionador nacional, Gusztáv Sebes. Personaje innovador, aprendiz en su juventud del gran entrenador austriaco Hugo Meisl, elevaba la resistencia de su plantel con gimnasio y natación. Medalla de oro en Helsinki 1952, invicto 32 cotejos, empezó imponente el Mundial.

Un certamen que volvió a cambiar de formato. En esta ocasión no se enfrentaban todos en cada grupo, sino apenas dos partidos. De haber igualdad de puntos, se procedía a un *playoff* de desempate, tal como Alemania Federal avanzó después de ser goleada en ronda preliminar por Hungría: con un choque adicional contra Turquía. Un representativo recién nacido, luego de la división germana derivada de la Segunda Guerra Mundial.

Ante quien diera por perdido el reencuentro con los húngaros en la final, el DT teutón, Sepp Herberger, reiteraba: "el balón es redondo, el partido dura 90 minutos y lo demás es teoría". Quizá fue el único que no dudó cuando, al cabo de ocho minutos, Hungría ya ganaba 2-0.

Los alemanes respondieron con dos goles justo al recrudecer la lluvia en Berna. Detalle relevante, consciente del meteorólogo, la *Mannschaft* estrenaba zapatos con mayor agarre al césped. Entre eso y los salvadores postes el 2-2 continuaba. Al minuto 84, Helmut Rahn logró su segundo tanto del día y la sorpresa estalló. Los magiares apretaron. Puskás anotó, pero el árbitro anuló por fuera de lugar.

Alemania Federal se coronó. Su capitán, Fritz Walter, sobreviviente de ser mandado como prisionero de guerra a Siberia en 1945, porque un guardia húngaro lo identificó y rescató... ese mismo Fritz alzaba la copa que simbolizó el despertar alemán tras el horror, masacre, ruinas del conflicto. *Das Wunder von Bern*, "el Milagro de Berna", le llamaron.

En cuanto al equipo magiar, se disgregó en 1956. Budapest era invadida por tanques soviéticos y las estrellas húngaras, de gira con el Honved, no regresaron. •

Referirse a una bronca como “Cámara húngara” surgió en este Mundial. El duelo de cuartos de final Hungría-Brasil, hoy conocido como “La batalla de Berna”, se planteaba como el choque entre los futbolistas más refinados del planeta y terminó siendo de una agresividad inusitada. Patadas, invasión de campo de periodistas y dirigentes brasileños inconformes con un penal adverso, tres expulsados, la policía luchando en vano por controlar el caos.

Concluido con el triunfo magiar 4-2, los sudamericanos buscaron venganza colándose en su vestuario. Los organizadores supusieron que apagando las luces apagarían también la reyerta, mas sucedió lo opuesto: a oscuras se golpearon peor. Se especula que Puskás, ese día inhabilitado para jugar por lesión, fue quien estrelló una botella en la cabeza de Pinheiro.

Dado que en otras culturas se denomina camerino o cámara al vestuario, así surgió el término. El gobierno de Brasil se avergonzó tanto del comportamiento de su equipo que se encomendó al directivo João Havelange a reestructurar con disciplina su futbol rumbo a 1958. •

MÉXICO EN SUIZA 1954

Una eliminatoria perfecta, cuatro ganados en cuatro apariciones, metió a México a la Copa del Mundo de 1954 por encima de EE.UU. y Haití. Pese a las grandes actuaciones de Tomás Balcázar, José Luis Lamadrid y Raúl *Pina* Arellano, el jugador-entrenador Horacio Casarín fue cesado y lo sustituyó el español Antonio López Herranz.

En Suiza los esperaba idéntico comienzo que cuatro años atrás: de nuevo goleados por Brasil, ahora 5-0. No obstante, algo distinto se intuiría en el siguiente compromiso, en Ginebra frente a Francia. Los mexicanos remontaron una desventaja de dos goles para igualar a falta de pocos minutos para el final. Envalentonados, se lanzaron con todo por la victoria. Los franceses intentaban tomar aire para llevar al partido a tiempos extra, único Mundial en el que existió esa modalidad ante empates en fase de grupos. Entonces el francés Jean Vincent aprovechó un rebote para rematar y Narciso *Chicho* López se aventó hacia la pelota sin esclarecerse si bloqueó con pecho o brazo. El árbitro pitó penal. Raymond Kopa lo anotó. Otra vez de regreso con puras derrotas.

Campeón: BRASIL • Subcampeón: SUECIA • Tercer lugar: FRANCIA

Crack: PELÉ (BRA)
Campeón goleador: JUST FONTAINE (FRA) 13 goles
Mejor portero: LEV YASHIN (URS)

16 selecciones participantes • 35 partidos • promedio de 3.6 goles por partido

SUECIA 1958

El futbol se descubrió como la octava de las Bellas Artes en la sexta Copa del Mundo. Brasil sublimaría este deporte para forjar el concepto de jogo bonito. *Pelé y Garrincha llegaron como desconocidos a Suecia y retornaron como estrellas máximas del balón. Un Mundial en el que Francia destacó con otra dupla inolvidable: el orquestador Raymond Kopa y el goleador Just Fontaine.*

EDSON ARANTES DO NASCIMIENTO, PELÉ

1940-2022

En medio de las peores carencias, en una casa construida con deshechos y caminando sobre pies descalzos, se criaba el futuro rey del futbol en el pueblo de Bauru.

Edson, apodado Pelé, tenía nueve años cuando vio a su papá llorar la hecatombe brasileña ante Uruguay en el Maracanazo. Ese día aseguró que él vengaría la afrenta y daría a su país una Copa del Mundo. Difícil imaginar no sólo que lo lograría a los 17 años, sino que, además, lo lograría tres veces.

Potencia, inteligencia, recursos, habilidad, creatividad, ética de trabajo, mentalidad, tantas condiciones nunca coincidieron en un futbolista. El adolescente que asaltó el trono en Suecia 1958, permanecería en la cima a perpetuidad.

PRINCIPALES ESTADIOS	CAPACIDAD
RåsundaStadion, Estocolmo	*50 000*
Ullevi, Gotemburgo	*52 000*
Malmö Stadion, Malmö	*31 000*

Suecia 1958

TABLA DE GRUPOS Y RESULTADOS

Grupo 1

Alemania Fed.	4	
Irlanda del Norte	3	*ganó playoff*
Checoslovaquia	3	
Argentina	2	

Argentina	1-3	Alemania Fed.
Irlanda del Norte	1-0	Checoslovaquia
Alemania Fed.	2-2	Checoslovaquia
Argentina	3-1	Irlanda del Norte
Alemania Fed.	2-2	Irlanda del Norte
Checoslovaquia	6-1	Argentina
playoff		
Irlanda del Norte	2-1	Checoslovaquia
	tiempos extra	

Grupo 2

Francia	4
Yugoslavia	4
Paraguay	3
Escocia	1

Francia	7-3	Paraguay
Yugoslavia	1-1	Escocia
Yugoslavia	3-2	Francia
Paraguay	3-2	Escocia
Francia	2-1	Escocia
Paraguay	3-3	Yugoslavia

Grupo 3

Suecia	5	
Gales	3	*ganó playoff*
Hungría	3	
México	1	

Suecia	3-0	México
Hungría	1-1	Gales
México	1-1	Gales
Suecia	2-1	Hungría
Suecia	0-0	Gales
Hungría	4-0	México

Playoff

Gales	2-1	Hungría

Grupo 4

Brasil	5	
Unión Soviética	3	*ganó playoff*
Inglaterra	3	
Austria	1	

Brasil	3-0	Austria
Unión Soviética	2-2	Inglaterra
Brasil	0-0	Inglaterra
Unión Soviética	2-0	Austria
Inglaterra	2-2	Austria
Brasil	2-0	Unión Soviética

Playoff

Unión Soviética	1-0	Inglaterra

Cuartos de final

Brasil	1-0	Gales
Francia	4-0	Irlanda del Norte
Suecia	2-0	Unión Soviética
Alemania Fed.	1-0	Yugoslavia

Semifinales

Brasil	5-2	Francia
Suecia	3-1	Alemania Fed.

Tercer lugar

Francia	6-3	Alemania Fed.

Final

Brasil	5-2	Suecia
Vavá 9´	Liedholm 4´	
Vavá 32´	Simonsson 80´	
Pelé 55´		
Zagallo 68´		
Pelé 90´		

Debate sobre amateurismo

La selección sueca tuvo la disyuntiva de si aceptar a profesionales.

A diferencia de otros países, los escandinavos continuaban aferrados al amateurismo. Por ejemplo, tras colgarse el oro olímpico en Londres 1948, su seleccionador, el inglés George Raynor, no contó en Brasil 1950 con el goleador del AC Milan, Gunnar Nordahl, y bajo esa misma limitante se aproximaba al certamen de 1958 en su casa: quien cobrara por jugar no era elegible para el conjunto nacional.

Luego de enardecidos debates, se autorizó la convocatoria de los "cinco mercenarios", esos futbolistas que brillaban en clubes de Italia. Cuatro de ellos (Liedholm, Skoglund, Gustavsson y Hamrin) resultarían vitales para acceder hasta la final.

No era fácil determinar a un favorito en 1958. Por primera vez acudían las cuatro selecciones británicas, aunque la inglesa debilitada por la muerte de cuatro estelares en el accidente aéreo del Manchester United en febrero de ese año. Regresaba Argentina, ausente en los pasados tres torneos. Alemania Federal, campeón defensor, tenía su base un tanto envejecida. La debutante Unión Soviética representaba una incógnita. Francia disponía de Raymond Kopa, Balón de Oro de 1958. Y pocos se atrevían a confiar en Brasil.

Pese a que la *verdeamarela* abrió goleando a Austria y empatando con Inglaterra, al interior sabían que no estaban jugando bien. Nilton Santos, Didí y Zagallo, líderes de aquel grupo, aprovecharon que su entrenador, Vicente Feola, se distinguía por su apertura a escuchar y conciliar, por lo que le propusieron unas modificaciones.

Le plantearon colocar a los inexpertos Pelé y Garrincha. Así probaron contra la URSS y Brasil se impuso. Lo mismo en cuartos de final frente a Gales, victoria con solitario gol de Pelé. Y en semifinal ante la poderosa Francia, ya desatada esa maquinaria, otros tres tantos del adolescente. Garrincha iba y venía driblando, Pelé exhibía un don jamás visto para romper defensas, respaldados por figurones como Djalma Santos, Didí, Zito, Vavá, Zagallo.

En la final esperaba Suecia... y un problema: que los dos vestían de amarillo, por lo que uno necesitaría recurrir a ropa alterna (antes Argentina debió enfrentar a Alemania portando el uniforme del club local, IFK Malmö). Al tocar a Brasil renunciar a sus colores, se negó en rotundo a portar una casaca blanca, pésimo augurio por ser la utilizada en el Maracanazo de 1950. Sus dirigentes consiguieron playeras azules y les cosieron los escudos.

El veterano Nils Liedholm desató un manicomio al adelantar a los anfitriones, pero para el descanso Brasil ya estaba arriba con doblete de Vavá. Fue en el complemento cuando Pelé hizo que se parara el tiempo. Recibió al borde del área, se quitó a un rival con un hermoso sombrerito y definió de volea. Minutos después añadió un gol de cabeza.

El niño del equipo lloraba en los brazos de sus compañeros. Brasil levantaba su primer cetro mundial. •

Récord de apariencia imposible: marcar trece goles en un Mundial en apenas seis cotejos... y con una curiosidad: que en el choque por el tercer sitio la selección francesa dispuso de un penal y a nadie se le ocurrió cederlo a Just Fontaine para que incrementara su cosecha.

Numerosas versiones afirman que no apuntaba a la titularidad en Suecia 1958. Eso es impreciso. Sucede que el otro gran delantero francés, Rachid Mekhloufi, menor en edad y experiencia, escapó del representativo galo a tres meses del torneo a fin de integrarse a un combinado que recaudaría fondos y apoyos para la independencia de Argelia. Sus goles que no cayeron en un Mundial contribuyeron a hacer patria, al lado de más francoargelinos como Mustapha Zitouni, también seleccionado.

Sin esas "deserciones" se piensa que Fontaine igual hubiese ocupado el eje ofensivo en Suecia 1958. Por cierto, sus 13 goles fueron con zapatos prestados, ni siquiera de su talla, por la avería de los suyos. Ya no jugó en Chile 1962 por culpa de una grave lesión.

Detrás de la proeza de Just siguen el húngaro Kocsis con 11 goles en 1954 y el alemán Müller con 10 en 1970. •

PELÉ CON LA COPA

MÉXICO EN SUECIA 1958

A la décima resultó la vencida. Tras nueve partidos de Mundial saldados con derrota, la primera ocasión que México no perdió fue en 1958.

Antes, en el estreno, el Tri había sido vapuleado por el anfitrión, Suecia. En la concentración, en la isla sueca de Lidingö, el binomio que dirigía al equipo, Antonio López Herranz e Ignacio Trelles, analizó al siguiente rival, Gales, y priorizó anular a uno de los mejores rematadores de la época, John Charles. Meta cumplida con una salvedad: que, agobiado Raúl Cárdenas por él, el cuadro del dragón anotó por conducto de su otro atacante, Ivor Allchurch. A escasos minutos del final, Chava Reyes sirvió al área y Jaime Belmonte cabeceó. Gol. El empate. Desde entonces se rebautizó a Belmonte como "Héroe de Solna", en alusión al suburbio de Estocolmo sede del estadio.

Primer punto tricolor en Mundiales que, dada la cantidad de llegadas, pudo ser victoria. Tan desgastante duelo dejó varios golpeados, quienes de cualquier modo alinearon en el cierre contra Hungría, goleados 4-0. El cuerpo técnico fue criticado por obstinarse en jugadores muy disminuidos. ⚽

CRACK

Campeón: BRASIL • Subcampeón: CHECOSLOVAQUIA • Tercer lugar: CHILE

Crack: (BRA) GARRINCHA • Campeón goleador: FLÓRIÁN ALBERT (HUN), VALENTIN IVANOV (URSS), GARRINCHA (BRA), VAVÁ (BRA), DRAŽAN JERKOVIĆ (YUG), LEONEL SÁNCHEZ (CHI) con 4 goles • Mejor portero: GILMAR (BRA)

16 selecciones participantes • 32 partidos • promedio de 2.78 goles por partido

CHILE 1962

Brasil conservó su título en 1962, como se pronosticaba, aunque obligado a hacerlo sin su mejor futbolista. Pelé se lesionó tras disputar dos escasos partidos en Chile. Eso recargó el compromiso en Garrincha, secundado por la base del Mundial anterior más la irrupción del delantero Amarildo. La verdeamarela *se coronó por segunda ocasión y de nuevo con un lustroso desempeño.*

MANÉ DOS SANTOS GARRINCHA

1933-1983

El mago del drible, La alegría del pueblo, El ángel de las piernas chuecas, artista que colocó en otra dimensión la gambeta, el destrozar defensas, el gozo.

Acaso el extremo más único de la historia, Mané se sobrepuso a circunstancias físicas como tener una pierna seis centímetros más larga que la otra y las dos encorvadas a la izquierda, para producir su propio estilo de juego.

Si la mayoría dribla para limpiar el camino al área enemiga, Garrincha lo realizaba por diversión, incluso regresando para burlar al marcador que ya había mareado y superado.

Emergió cuatro años atrás, en Suecia 1958, a la par de Pelé. Ante la baja de su compañero al comienzo de Chile 1962, se catapultó a *crack* máximo del Brasil bicampeón

PRINCIPALES ESTADIOS	CAPACIDAD
Estadio Nacional, Santiago	*66 000*
Estadio Sausalito, Viña del Mar	*18 000*
Estadio El Teniente, Rancagua	*18 000*

Chile 1962

TABLA DE GRUPOS Y RESULTADOS

Grupo 1

Unión Soviética	5
Yugoslavia	4
Uruguay	2
Colombia	1

Uruguay	2-1	Colombia
Unión Soviética	2-0	Yugoslavia
Yugoslavia	3-1	Uruguay
Unión Soviética	4-4	Colombia
Unión Soviética	2-1	Uruguay
Yugoslavia	5-0	Colombia

Grupo 2

Alemania Fed.	5
Chile	4
Italia	3
Suiza	0

Chile	3-1	Suiza
Alemania Fed.	0-0	Italia
Chile	2-0	Italia
Alemania Fed.	2-1	Suiza
Alemania Fed.	2-0	Chile
Italia	3-0	Suiza

Grupo 3

Brasil	5
Checoslovaquia	3
México	2
España	2

Brasil	2-0	México
Checoslovaquia	1-0	España
Brasil	0-0	Checoslovaquia
España	1-0	México
Brasil	2-1	España
México	3-1	Checoslovaquia

Grupo 4

Hungría	5
Inglaterra	3
Argentina	3
Bulgaria	1

Argentina	1-0	Bulgaria
Hungría	2-1	Inglaterra
Inglaterra	3-1	Argentina
Hungría	6-1	Bulgaria
Hungría	0-0	Argentina
Inglaterra	0-0	Bulgaria

Cuartos de final

Chile	2-1	Unión Soviética
Checoslovaquia	1-0	Hungría
Brasil	3-1	Inglaterra
Yugoslavia	1-0	Alemania Fed.

Semifinales

Checoslovaquia	3-1	Yugoslavia
Brasil	4-2	Chile

Tercer lugar

Chile	1-0	Yugoslavia

Final

Brasil	3-1	Checoslovaquia
Amarildo 17´		Masapust 15´
Zito 69´		
Vavá 78´		

La sorpresiva elección

Tras dos Mundiales al hilo en Europa, se planteaba que Argentina no hallaría competencia para quedarse la sede.

Casi sin anuncio previo, surgió la candidatura chilena. Ante la declaración argentina de que ya lo tenía todo para albergar el certamen, Chile formuló una frase opuesta: "porque nada tenemos, lo haremos todo". Para sorpresa general, los andinos resultaron elegidos. No obstante, en mayo de 1960, a dos años del Mundial, Chile era sacudido por el terremoto más devastador desde que existen registros.

En medio de la tragedia nacional y las innumerables pérdidas humanas, de a poco se asumió que varios estadios no estarían listos. Por eso sólo hubo cuatro, siempre leyéndose en sus fachadas aquella frase con la que este país convenció a la FIFA de otorgarle la localía.

Los reflectores apuntaban a un Brasil que aterrizaba en Chile con gigantes como Didí, Nilton Santos, Zagallo, Vavá, Djalma Santos, Garrincha... y, sobre todo, Pelé. Si cuatro años antes (a los 17) había sido incontenible, en 1962 lucía imperial. Cuatrienio en el que explotó como futbolista, celebrando más de 200 goles y convirtiendo al Santos en potencia global.

Pelé brillaría en el debut contra México y se lastimaría en el siguiente cotejo, frente a Checoslovaquia. Durante todo el torneo se especularía que de inmediato reaparecería: si en cuartos, si en semifinal, si en la final. El diez sabía que estaba descartado, pero se mantuvo en Chile para contribuir a la guerra psicológica, consciente del miedo que infundía en los rivales su posible retorno. Desprovista de su genio, la *verdeamarela* distribuiría más el gol y la responsabilidad. En especial levantó la mano quien fue aclamado como heredero del trono del balón, Garrincha.

De condiciones muy distintas a las de Pelé, Mané jugaría por las canchas chilenas como si cascareara en su pueblo, Pau Grande, y no rodeado de los zagueros más férreos, sino de aprendices que no hallaban cómo quitarle la pelota.

A priori se pensó que Argentina presentaría alguna oposición, recién habiendo arrebatado la Copa América a los brasileños y alineando a talentos como Marzolini, Rattín y Sanfilippo, mas ni siquiera superaron la primera ronda. Similar, Italia suscitaba respeto con sus nuevos *oriundi*, el brasileño Altafini y el argentino Omar Sívori. O Alemania Federal, por último Mundial dirigida por Sepp Herberger. O qué decir de España que, además de los baluartes del Madrid, tenía a Luis Suárez (Balón de Oro en 1960).

Sin embargo, Brasil apenas encontró resistencia. Eliminó a Inglaterra, al envalentonado anfitrión chileno y, como colofón, a una Checoslovaquia a la que no había podido abrir en el choque de la fase inicial en el que se lesionara Pelé (quien, por cierto, contempló la final desde la tribuna).

Los centroeuropeos se adelantaron por conducto de su cerebro, Josef Masopust, aunque quiso el destino que su portero, de imponentes actuaciones en ese Mundial, fallara en el momento cumbre. Viliam Schrojf cometió dos errores groseros que se tradujeron en goles de Brasil. El bicampeonato era una realidad. •

EL BICAMPEÓN BRASILEÑO

Partido por demás salvaje recordado con el nombre de "La batalla de Santiago". Duelo de fase preliminar entre Chile e Italia, en el que la policía accedió varias veces al campo exigiendo orden.

La pugna empezó con las severas críticas que la prensa italiana lanzó a la organización del torneo y la airada respuesta chilena, llegando a agredirse en la calle a quien pareciera de Italia. En un intento por revertir el ambiente hostil, los futbolistas *azzurri* ofrecieron flores a las gradas, mas éstas fueron aventadas de vuelta hacia ellos: refutada la petición de paz esa tarde en el Estadio Nacional.

Puñetazos, patadas, escupitajos, narices rotas, dos expulsiones italianas e increíblemente ninguna chilena. Un caos que, sin duda, tuvo que ver con lo que el frustrado árbitro de ese cotejo, el inglés Ken Aston, pronto inventaría: tarjetas amarilla y roja.

Mismo certamen en el que el soviético Eduard Dubinski recibió una terrible entrada del yugoslavo Muhamed Mujić. La mala curación de esa fractura expuesta de tibia y peroné agravaría hasta propiciar que Dubinski muriera de cáncer siete años después. •

MÉXICO EN CHILE 1962

Luego de imponerse en su región, México debió vencer también a Paraguay para calificar a Chile 1962.

Tocó un grupo mundialista con dos rivales que terminarían en la final. Las atajadas de Antonio Carbajal evitaron la goleada ante Brasil, hasta que en el complemento Pelé asistió a Zagallo para el primer tanto y concibió con habilidad el segundo.

Esperaba una España que traía a tres naturalizados del multicampeón Real Madrid: titulares el uruguayo Santamaría y el húngaro Puskás; el argentino Di Stéfano, que no jugaría por lesión. Al avanzar los minutos México se asentaba, pero no concretaba oportunidades claras. En la última acción del partido, el Tri disponía de un tiro de esquina. El seleccionador, Nacho Trelles, indicó a Alfredo del Águila que cobrara en corto para asegurar el empate. El volante hizo lo contrario y el rebote quedó para Paco Gento. Velocista como pocos, atravesó la cancha hasta centrar. En el rechace, Peiró anotó a un Carbajal que golpeaba el césped llorando.

El consuelo llegó cuatro días después con la primera victoria mexicana en Mundiales, 3-1 sobre Checoslovaquia. ⚽

Campeón: INGLATERRA • Subcampeón: ALEMANIA FEDERAL • Tercer lugar: PORTUGAL

Crack: BOBBY CHARLTON (ENG)
Campeón goleador: EUSEBIO (POR) 9 goles
Mejor portero: GORDON BANKS (ENG)

16 selecciones participantes • 32 partidos • promedio de 2.78 goles por partido

INGLATERRA 1966

El futbol regresaba por primera vez a su cuna y los ingleses aprovecharían para al fin consagrarse como lo que siempre se sintieron, aunque hasta 1966 pudieron demostrar: campeones del mundo. Título empañado por la controversia arbitral en la final frente a Alemania Federal. Mundial ríspido en el que el futbol tornó defensivo, con el favorito Brasil echado a patadas.

BOBBY CHARLTON

1937-2023

Sobreviviente del desastre aéreo de Múnich en 1958, en el que fallecieron ocho futbolistas del Manchester United, Bobby Charlton se constituiría como jugador total. Volante con gran contundencia al tirar a portería enemiga, lo mismo brillaba por su velocidad, visión, disparo lejano y un espíritu infatigable.

En 1966 se coronó al lado de su hermano mayor, Jack, con quien en la infancia compartiera cama y sueños de gloria.

Desde una aldea minera en el noreste de Inglaterra hasta la cima del futbol, recibiría el Balón de Oro gracias a su indispensable aportación para que los ingleses ganaran el trofeo.

La estatua de la Trinidad, Sir Bobby abrazado de George Best y Denis Law, reluce en el acceso al estadio Old Trafford.

PRINCIPALES ESTADIOS	CAPACIDAD
Wembley Stadium, Londres	*96 000*
Goodison Park, Liverpool	*50 000*
Hillsborough Stadium, Sheffield	*42 000*

Inglaterra 1966
TABLA DE GRUPOS Y RESULTADOS

Grupo 1

Inglaterra	5
Uruguay	4
México	2
Francia	1

Inglaterra	0-0	Uruguay
Francia	1-1	México
Uruguay	2-1	Francia
Inglaterra	2-0	México
México	0-0	Uruguay
Inglaterra	2-0	Francia

Grupo 2

Alemania Fed.	5
Argentina	5
España	2
Suiza	0

Alemania	5-0	Suiza
Argentina	2-1	España
España	2-1	Suiza
Argentina	0-0	Alemania Fed.
Argentina	2-0	Suiza
Alemania Fed.	2-1	España

Grupo 3

Portugal	6
Hungría	4
Brasil	2
Bulgaria	0

Brasil	2-0	Bulgaria
Portugal	3-1	Hungría
Hungría	3-1	Brasil
Portugal	3-0	Bulgaria
Portugal	3-1	Brasil
Hungría	3-1	Bulgaria

Grupo 4

Unión Soviética	6
Corea del Norte	3
Italia	2
Chile	1

Unión Soviética	3-0	Corea del Norte
Italia	2-0	Chile
Chile	1-1	Corea del Norte
Unión Soviética	1-0	Italia
Corea del Norte	1-0	Italia
Unión Soviética	2-1	Chile

Cuartos de final

Inglaterra	1-0	Argentina
Alemania Fed.	4-0	Uruguay
Unión Soviética	2-1	Hungría
Portugal	5-3	Corea del Norte

Semifinales

Alemania Fed.	2-1	Unión Soviética
Inglaterra	2-1	Portugal

Tercer lugar

Portugal	2-1	Unión Soviética

Final

Inglaterra	4-2	Alemania Fed.
	tiempos extra	
Hurst 18´		Haller 12´
Peters 78´		Weber 89´
Hurst 101´		
Hurst 120´		

Boicot sin precedentes

África, Asia y Oceanía boicotearon en bloque el Mundial, molestas por compartir un escaso boleto. Apenas cuatro de sus selecciones se inscribieron y dos de ellas abandonaron (Corea del Sur por renunciar a jugar en Camboya, Sudáfrica vetada por el régimen del apartheid*). Así que el clasificatorio tricontinental se limitó al doble duelo Corea del Norte-Australia, con triunfo de los primeros.*

Eso desembocó en un problema: que el gobierno norcoreano era desconocido por el británico. Ante el amago de negar visas, la FIFA amenazó con mudar la sede. Corea del Norte derrotaría a Italia, enorme sorpresa, y acariciaría semifinales tras haber tenido 3-0 abajo a Portugal en cuartos de final.

En 1963 se cumpliría el centenario de la Football Association y la creación de las reglas del futbol. Por ello, Inglaterra insistió que le correspondía el Mundial de 1966.

Por primera ocasión, el sorteo de grupos se transmitió por televisión. Stanley Rous, inglés recién llegado al cargo máximo de la FIFA, encabezó la ceremonia desde un hotel en Kensington Gardens. Atrás quedaba la conflictiva eliminatoria, boicoteada por países africanos y asiáticos. Se estrenaba el antidóping con tal confusión que algunos pensaron que beber café estaba prohibido.

Los anfitriones se atragantaron al ver que el bicampeón Brasil, Pelé catapultado a fenómeno de masas, sería su rival si avanzaban a semifinales, incluso emisarios británicos viajaron para espiar sus prácticas... mas eso no sucedería.

Brasil no superaría la fase inicial. Abrió sólido, venciendo a Bulgaria con goles de Pelé y Garrincha, pero el 10 recibió tantas faltas que no pudo alinear en el siguiente cotejo, contra Hungría, saldado con caída 3-1 (única derrota que Garrincha sufriría de *verdeamarela*). Se jugarían la vida frente a una selección debutante, Portugal, comandada por Eusebio, estrella nacida en Mozambique, por entonces colonia lusitana. Esa noche patearon de manera descarada a Pelé. Eliminado, se despidió con una frase: "El futbol dejó de ser arte y se convirtió en guerra".

En cuartos, Inglaterra se impuso 1-0 a Argentina, cuyo capitán, Antonio Rattín, fue expulsado según el silbante por cómo lo miró. Arbitraje penoso y victoria inglesa con gol de un héroe imprevisto, Geoff Hurst, sustituto del lesionado crack del Tottenham, Jimmy Greaves, quien ya no recuperaría el puesto.

Inglaterra calificó a la final habiendo encajado un solo gol. Lo esperaba Alemania Federal y su nueva figura, el veinteañero Franz Beckenbauer, en perfecta compenetración con otro astro, Uwe Seeler. Los germanos se adelantaron y Hurst empató. Al minuto 79 ardió Wembley con la voltereta, aunque la *Mannschaft* emparejó en el último suspiro. Se marchaban a tiempos extra. Les advertían que si nadie anotaba se disputaría otro duelo tres días después. El enrachado Hurst metió otros dos goles, uno de ellos sin que rebasara línea de meta, y los inventores del futbol alzaron su primer título. La reina Isabel II entregaba la copa a Bobby Moore. •

A tres meses del Mundial las autoridades británicas palidecieron de la vergüenza. La Copa Jules Rimet levantada por los campeones desde 1930, desapareció de la vitrina en la que era exhibida. Un mensaje anónimo exigía 15 000 libras esterlinas por el trofeo. La policía lucía extraviada y elevaba la recompensa por cualquier pista.

Una semana más tarde, en un suburbio al sur de Londres, David Corbett daba un paseo cuando su perro, Pickles, corrió a olfatear un paquete forrado con periódico, escondido bajo un coche. Al descubrirlo, notó con azoro que sostenía el premio mayor del futbol.

Pickles "actuaría" en películas y lo invitarían al banquete de celebración de los seleccionados ingleses. Corta celebridad porque en 1967 murió. La copa Jules Rimet sería robada de nuevo, en 1983 en Brasil, sólo que esta vez los ladrones la fundieron en fuego. •

Mascota

El león Willie comenzó la tradición de las mascotas. Portaba la bandera británica en un afán de también integrar a escoceses, galeses y norirlandeses. Se eligió un león por su vínculo con el conjunto nacional (The Three Lions), derivado del rey Ricardo Corazón de León.

MÉXICO EN INGLATERRA 1966

En 1961 el Tri visitó Wembley para un amistoso y cayó 8-0 con Inglaterra. El entrenador inglés, Alf Ramsey, se refirió a los elementos mexicanos como "conejos apanicados", inspirando al periodista Manuel Seyde para un apodo que perduraría, "ratones verdes".

Tan traumático episodio se reflejó cinco años después, al reencontrarse estas selecciones en pleno Mundial. Nacho Trelles configuró un cerrojo antigoleada, todos agazapados cerca del área, y "sólo" perdió 2-0.

Días antes, en su debut, México había igualado a uno con Francia con gol del joven Enrique Borja (aquella narración de Fernando Marcos: "¡Borja no falles!") y la sensación de que se debió ganar. Ante franceses e ingleses atajó Nacho Calderón. Algo que cambió frente a Uruguay, alineado Antonio Carbajal. A los 37 años, *La Tota* marcaba un hito, pionero cinco-copas, histórico andar de 1950 a 1966. Su última aparición mundialista fue la única en la que no admitió gol. Terminó cero a cero y México dijo adiós con dos empates.

La mejora resultaba evidente, se crecía en competitividad, pero seguía pendiente saltar la ronda preliminar.

Campeón: BRASIL • Subcampeón: ITALIA • Tercer lugar: ALEMANIA FEDERAL

Crack: PELÉ (BRA)
Campeón goleador: GERD MÜLLER (GER) 10 goles
Mejor portero: LADISLAO MAZURKIEWICZ (URU)

16 selecciones participantes • 32 partidos • promedio de 2.97 goles por partido

MÉXICO 1970

El futbol alcanzó su punto cumbre en 1970. Brasil, que ya había demostrado en sus dos títulos anteriores la estética posible al patear un balón, subió incluso más el listón: arte colectivo con Pelé como eje. Un Mundial que nos regaló el "Partido del siglo" y la imagen de Franz Beckenbauer jugando dislocado. En todo momento la afición mexicana tiñó de pasión el torneo.

EDSON ARANTES DO NASCIMIENTO

1940-2022

México 1970 no figuraba en el plan de vida de Pelé. Su intención era conquistar el tricampeonato en 1966 y retirarse de su selección, pero la horrible debacle en Inglaterra, eliminado en fase de grupos y golpeado con brutalidad, impulsó a Edson a una revancha.

Competitivo y combativo al límite, cuidó cada detalle de su preparación para devolver a Brasil a la cima. Con treinta años seguía siendo un portento físico y goleador, aunque ahora añadía un nivel de inteligencia y cadencia, pausa y cambio de ritmo, capaz de pulverizar a cualquier defensa.

El pequeño que lloró la derrota del Maracanazo, veinte años después se despediría tricampeón de la *verdeamarela*. La última corona de este rey fue un sombrero mexicano.

PRINCIPALES ESTADIOS	CAPACIDAD
Estadio Azteca, Ciudad de México	*119 000*
Estadio Jalisco, Guadalajara	*70 000*
Estadio Nou Camp, León	*23 000*

México 1970

TABLA DE GRUPOS Y RESULTADOS

Grupo 1

Unión Soviética	5
México	5
Bélgica	2
El Salvador	0

México	0-0	Unión Soviética
Bélgica	3-0	El Salvador
Unión Soviética	4-1	Bélgica
México	4-0	El Salvador
Unión Soviética	2-0	El Salvador
México	1-0	Bélgica

Grupo 2

Italia	4
Uruguay	3
Suecia	3
Israel	2

Uruguay	2-0	Israel
Italia	1-0	Suecia
Uruguay	0-0	Italia
Suecia	1-1	Israel
Suecia	1-0	Uruguay
Italia	0-0	Israel

Grupo 3

Brasil	6
Inglaterra	4
Rumania	2
Checoslovaquia	0

Inglaterra	1-0	Rumania
Brasil	4-1	Checoslovaquia
Rumania	2-1	Checoslovaquia
Brasil	1-0	Inglaterra
Brasil	3-2	Rumania
Inglaterra	1-0	Checoslovaquia

Grupo 4

Alemania Fed.	6
Perú	4
Bulgaria	1
Marruecos	1

Perú	3-2	Bulgaria
Alemania Fed.	2-1	Marruecos
Perú	3-0	Marruecos
Alemania Fed.	5-2	Bulgaria
Alemania Fed.	3-1	Perú
Bulgaria	1-1	Marruecos

Cuartos de final

Uruguay	1-0	Unión Soviética
	tiempos extra	
Italia	4-1	México
Brasil	4-2	Perú
Alemania Fed.	3-2	Inglaterra
(Tiempos Extra)		

Semifinal

Brasil	3-1	Uruguay
Italia	4-3	Alemania Fed.

Tercer lugar

Alemania Fed.	1-0	Uruguay

Final

Brasil	4-1	Italia
Pelé 18´	Boninsegna 37´	
Gerson 65´		
Jairzinho 71´		
Carlos Alberto 86´		

Sustituciones y cambios

Dos innovaciones se presentaron en esta edición. El futbol estaba habituado a que si alguien se lesionaba se mantenía haciendo bulto en la cancha (recordemos al francés Robert Jonquet jugando con peroné roto en la semifinal de Suecia 1958). En la Copa del Mundo de 1970 se aprobaron dos modificaciones. El mexicano Juan Ignacio Basaguren resultó el primero en entrar a anotar un gol.

En cuanto a las tarjetas, el exárbitro Ken Aston alumbró la idea al frenar ante un semáforo. Amarillo para precaución, rojo para expulsión. Tuvo que ver que él mismo pitara La batalla de Santiago en 1962, pero también el desastre arbitral del Inglaterra-Argentina de 1966. Curiosamente, el Mundial del estreno de las tarjetas ha sido el único sin expulsados.

La magia surgió a instantes de que Brasil viajara a México. En un cuarto de hotel en Rio de Janeiro se reunieron los cabecillas de esta selección con su entrenador, Mario Zagallo, quien llegó al puesto más como pacificador que por su incipiente trayectoria dirigiendo.

Si en la calle suelen jugar los mejores sin importar su posición, el esquema sometido al talento y no al revés, eso emprendió el inolvidable Brasil de aquel torneo. Zagallo disponía de cinco *cracks* que actuaban como diez en sus respectivos equipos. Pelé en Santos, Tostao con Cruzeiro, Jairzinho en Botafogo, Rivellino con Corinthians, Gerson en São Paulo. Así que el seleccionador propuso: si Rivellino se pegaba a la izquierda con mayor sacrificio, si Gerson aceptaba ser escudero más atrás, si Jairzinho se adueñaba de la derecha casi como extremo, si Tostao se transformaba en especie de nueve, si Pelé jugaba donde el sentido le dictara, si los restantes cinco hombres de campo corrían lo suficiente para sostenerlos... La Capilla Sixtina del futbol se había pintado, ahí estaba la ópera máxima de esta disciplina, cinco violines enalteciendo sus solos en arte grupal.

Alemania Federal presumía un trabuco con tres pilares que arrasarían en el Bayern (el portero Maier, el líder Beckenbauer, el goleador Müller), aparte de la experiencia de Uwe Seeler. La *Mannschaft* se vengó de Inglaterra, su verdugo en la final previa, eliminándola en cuartos de final, juegazo que se alargó a tiempos extra. Eso no era nada comparado con lo que seguía: esperaban Italia y "El partido del siglo".

La *Azzurra* ganaba 1-0 cuando Beckenbauer cayó descompuesto y se dislocó el hombro. Alemania ya no tenía relevos disponibles. Reacio a dejar a los suyos en inferioridad, el *Kaiser* continuó con un vendaje especial. En la última acción del cotejo igualó Schnellinger. Vendrían treinta trepidantes minutos de prórroga. Müller metió el 2-1 para los germanos, Burgnich emparejó sin demora. Luigi Riva entonces adelantó 3-2 a los italianos y Müller repitió para el 3-3. Gianni Rivera, *Il Bambino d'Oro*, clavó el 4-3.

En la final, Brasil se impuso 4-1 en un nuevo recital. Como la copa Jules Rimet estipulaba que se la quedaría quien la conquistara en tres ocasiones, se crearía pronto otro trofeo. Carlos Alberto fue el último capitán que la recibió. •

Esa eliminatoria siempre cargará con una espeluznante mancha. La Guerra del futbol, también conocida como la Guerra de las cien horas, por mucho que su origen haya sido más complejo que un duelo deportivo: territorio, política, migración, odio.

Honduras y El Salvador se enfrentaban a visita recíproca. Como explica Ryszard Kapuściński en su libro *La guerra del futbol*, "El futbol ayudó a enardecer aún más los ánimos de chovinismo y de histeria pseudopatriótica, tan necesarios para desencadenar la guerra".

Los hondureños tomaron ventaja en la ida y una salvadoreña se suicidó indignada por el severo maltrato a sus seleccionados en Tegucigalpa. Para la vuelta el clima se hizo insoportable en San Salvador. Los locales ganaron 3-0 ya con linchamiento a todo lo que pareciera hondureño.

El Salvador movilizaba tropas e invadía las fronteras vecinas. Honduras replicaba con bombardeos. De la pugna por un cupo en el Mundial se pasó a una confrontación armada. Dos semanas después, los salvadoreños avanzaban al ganar el desempate jugado en el Estadio Azteca. •

MÉXICO EN MÉXICO 1970

Faltaban cuatro días para el Mundial. El Tri estaba acabando de entrenar en una tarde lluviosa, cuando el cerebro del equipo, Alberto Onofre, creativo de 22 años que llevara a Chivas a ganar la liga, probó otros zapatos.

Aceleró a su explosivo estilo y chocó con Juan Manuel Alejándrez. Resonó un crujido tétrico: fractura de tibia y peroné. El seleccionador Raúl Cárdenas tenía horas para rehacer el once. No contaría con su estrella. A eso se agregaba que Enrique Borja fue orillado a la banca por pugnas comerciales.

Como sea, México consumó una buena primera ronda. Empate sin goles con la URSS, goleada 4-0 a El Salvador con doblete de *El Chalo* Fragoso y triunfo por la mínima sobre Bélgica con penal del *Halcón* Peña.

México superaba la etapa preliminar, aunque como segundo de grupo por un gol. Eso lo sacó del Azteca (se habría topado a Uruguay en cuartos) y desplazó a Toluca contra Italia. *La Calaca* González abrió el marcador, mas los azules remontaron para el 4-1. El sueño terminaba. Onofre apenas jugaría otro par de temporadas, nostálgico a perpetuidad de lo que apuntaba a ser.

world cup
1974

Campeón: ALEMANIA FEDERAL • Subcampeón: PAÍSES BAJOS • Tercer lugar: POLONIA

Crack: FRANZ BECKENBAUER (GER) y JOHAN CRUYFF (NLD)
Campeón goleador: GRZEGORZ LATO (POL) con 7 goles
Mejor portero: JAN TOMASZEWSKI (POL)

16 selecciones participantes • 38 partidos • promedio de 2.55 goles por partido

ALEMANIA FEDERAL 1974

Un sistema tan dinámico y perfecto que lo apodaron "Naranja mecánica". Se trataba de la mayor revolución futbolera desde la húngara, en 1954. Como en ese otro caso, Países Bajos perdería la final, pero sería más recordado el subcampeón que el campeón. Ante la ausencia de Pelé, el cerebral Johan Cruyff acaparó reflectores, aunque en frente estaba otra leyenda, Franz Beckenbauer.

CRUYFF Vs. BECKENBAUER

1947-2016 y 1945-2024

Nacidos con dos años de diferencia y dotados de condiciones muy distintas, coincidían en su poderoso liderazgo, así como en el hacer lucir fácil lo que para el común resulta imposible.

Elegantes, visionarios, creadores de escuela, cambiaron al futbol cada uno a su manera. Beckenbauer comenzó como ofensivo y terminó siendo ese último hombre que da sentido al juego desde la retaguardia, defendiendo tejía el ataque. En cuanto a Cruyff sería ilógico limitarlo a volante o delantero, cuando en un mismo minuto era experto en cubrir diversas tareas y demarcaciones, prototipo del futbolista total, la clarividencia a niveles irrepetibles. Multiganadores con Bayern y Ajax, su choque en la final de 1974 ennobleció al deporte.

	CAPACIDAD
Olympiastadion, Múnich	*77 000*
Neckarstadion, Stuttgart	*70 000*
Parkstadion, Gelsenkirchen	*62 000*

Alemania Federal 1974

TABLA DE GRUPOS Y RESULTADOS

Grupo 1

Alemania Dem.	5
Alemania Fed.	4
Chile	2
Australia	1

Alemania Fed.	1-0	Chile
Alemania Dem.	2-0	Australia
Alemania Fed.	3-0	Australia
Chile	1-1	Alemania Dem.
Australia	0-0	Chile
Alemania Dem.	1-0	Alemania Fed.

Grupo 2

Yugoslavia	4
Brasil	4
Escocia	4
Zaire	0

Brasil	0-0	Yugoslavia
Escocia	2-0	Zaire
Yugoslavia	9-0	Zaire
Escocia	0-0	Brasil
Yugoslavia	1-1	Escocia
Brasil	3-0	Zaire

Grupo 3

Países Bajos	5
Suecia	4
Bulgaria	2
Uruguay	1

Países Bajos	2-0	Uruguay
Suecia	0-0	Bulgaria
Bulgaria	1-1	Uruguay
Países Bajos	0-0	Suecia
Países Bajos	4-1	Bulgaria
Suecia	3-0	Uruguay

Grupo 4

Polonia	6
Argentina	3
Italia	3
Haití	0

...continúa de grupo 4

Italia	3-1	Haití
Polonia	3-2	Argentina
Argentina	1-1	Italia
Polonia	7-0	Haití
Argentina	4-1	Haití
Polonia	2-1	Italia

Segunda ronda

Grupo A

Países Bajos	6
Brasil	4
Alemania Dem.	1
Argentina	1

Países Bajos	4-0	Argentina
Brasil	1-0	Alemania Dem.
Brasil	2-1	Argentina
Países Bajos	2-0	Alemania Dem.
Argentina	1-1	Alemania Dem.
Países Bajos	2-0	Brasil

Grupo B

Alemania Federal	6
Polonia	4
Suecia	2
Yugoslavia	0

Alemania Fed.	2-0	Yugoslavia
Polonia	1-0	Suecia
Polonia	2-1	Yugoslavia
Alemania Fed.	4-2	Suecia
Alemania Fed.	1-0	Polonia
Suecia	2-1	Yugoslavia

Tercer lugar

Polonia	1-0	Brasil

Final

Alemania Fed.	2-1	Países Bajos
Breitner 25´		Neeskens 2´
Müller 43´		

Zaire y el momento insólito

Pionera del África subsahariana en calificar a un Mundial. En su uniforme resaltaba un enorme leopardo y las letras del nuevo nombre del país, cambio decretado en 1971 por el dictador Mobutu como parte de su denominada "africanización": Zaire, no más Congo.

En su segunda aparición los arrolló Yugoslavia 9-0. Mobutu amenazó: si encajaban más de tres goles en su siguiente compromiso, contra Brasil, podían esperar un cruel castigo. Por eso cuando el duelo se puso 3-0 y Rivellino estaba por cobrar un tiro libre a su portería, un jugador brincó de la barrera y pateó el balón fingiendo desconocer las reglas. Mejor pasar por ignorante que ser reprendido al regresar a casa, constituye una de las imágenes más insólitas en la historia de los Mundiales.

Difícil descifrar lo que acontecía cuando jugaba Países Bajos: rotación constante de posiciones, presión para recuperar de inmediato el balón, toque fluido, apertura de espacios ante rivales desbordados de incomprensión. Cruyff, Neeskens, Rep, van Hanegem, Krol, la vanguardia del futbol surgió con esos chicos de *look* rockero, melenas y patillas tan grandes como el afán de romper normas.

Dado el color de su casaca, les llamaron Naranja Mecánica como la película de Stanley Kubrick, basada en la novela de Anthony Burgess.

Certamen al que entraba Brasil con buenas perspectivas, Rivellino recibiendo el 10 de Pelé. También destacaba Polonia con el arquero Tomaszewski y el goleador Lato. Por su lado, los anfitriones incluían la columna del Bayern Múnich campeón de Europa: Maier, Breitner, Hoeness, Beckenbauer, Müller. El destino sería caprichoso. Porque Alemania Oriental sólo se clasificó al Mundial cuando se realizó en Alemania Occidental. Y porque el sorteo estableció que las dos Alemanias se encontraran en ronda preliminar. Victoria de los germanos comunistas con gol de Jürgen Sparwasser (el Nobel de literatura, Günter Grass, escribiría: "Uno a cero a favor de Alemania. ¿De qué Alemania? ¿De la mía o de la mía?").

Esa derrota movió a Alemania Federal al camino "sencillo", eludiendo a Brasil y Países Bajos, en un Mundial que estrenaba formato: segunda fase con dos grupos de cuatro, cuyos dos líderes se enfrentarían en la final. Ante las sospechas de que los alemanes del oeste se dejaron vencer, los jugadores insistieron que todo lo contrario. Helmut Schön, su seleccionador, había escapado en su juventud del costado oriental. Por ello quedó muy dolido por ese marcador y durante varios días nada más habló con Beckenbauer.

Mientras Alemania Federal se metía a la final doblegando a Polonia (gol del inevitable Müller), del otro lado Países Bajos y Brasil se encararon en un ríspido partido. Entre muchas patadas, los naranjas avanzaron.

En la final, Cruyff era derribado en el área antes de que los teutones tocaran la pelota. Neeskens anotó el penal. Parecía segura la coronación naranja, pero remontó la *Mannschaft* por conducto de Breitner y Müller. Atónitos, estupefactos, los neerlandeses no reaccionaron. Beckenbauer levantó en su Múnich el nuevo trofeo. •

Por si no bastara con que el Mundial fuera en una de las porciones de un país dividido (Alemania Federal), que hubiera partidos en Berlín occidental (islote capitalista en medio de una nación comunista) y que Alemania Democrática se clasificó por única ocasión, la Guerra Fría retrataría su absurdo en la eliminatoria rumbo a este torneo.

En la repesca intercontinental se enfrentaban la Unión Soviética y Chile. La ida, en Moscú, se jugó a dos semanas del Golpe de Estado contra el gobierno de Salvador Allende, apoyado por la URSS. No existe video de ese 0-0 porque las autoridades rusas prohibieron el acceso a periodistas de todo género, temerosas de la carga política del duelo.

Dos meses después se programó la vuelta en el Estadio Nacional de Santiago, utilizado poco antes por el régimen de Pinochet como campo de detención y tortura de disidentes. Al no satisfacerse su exigencia de disputarlo en una sede neutral, los soviéticos no comparecieron.

La selección chilena hizo una pantomima anotando gol sin que hubiera rival en la cancha, incluso con el árbitro concediéndolo. •

MÉXICO EN ALEMANIA FEDERAL 1974

El inicio presagiaba otra eliminatoria a modo de trámite. Finalmente, desde 1934 el Tri no fallaba calificando a un Mundial. Bajo el mando de Javier de la Torre, DT de las Chivas en el Campeonísimo, y con estrellas que prometían en la liga mexicana (Muciño, Bustos, Lapuente, López Salgado), la primera ronda clasificatoria se saldó con triunfos sobre Canadá y EE. UU.

El Premundial fue llevado a Haití por *Baby Doc* Duvalier, siniestro personaje que a los 22 años había heredado la presidencia de su padre. El ambiente hacia México resultaba hostil. Los locales lo veían como rival por la única plaza mundialista, mas bastaba con que el Tri hiciera lo que sabía... y eso no sucedió.

Al empatar con Guatemala y Honduras se complicó. Entonces circuló la teoría de que los tricolores eran víctimas de vudú, que la magia negra atenazaba sus piernas. Lejos de eso, el equipo nacional pagaba el carecer del carácter para lidiar con un público adverso. La goleada 4-0 a manos de Trinidad y Tobago sepultó todo. De nada valió cerrar venciendo a los haitianos. El Tri consumaba su peor fracaso.

AFA
10

Campeón: ARGENTINA • Subcampeón: PAÍSES BAJOS • Tercer lugar: BRASIL

Crack: MARIO KEMPES (ARG)
Campeón goleador: MARIO KEMPES (ARG) con 6 goles
Mejor portero: UBALDO FILLOL (ARG)

16 selecciones participantes • 38 partidos • promedio de 2.68 goles por partido

1978

ARGENTINA

Un Mundial enrarecido por la política terminó con el ansiado primer título argentino. Entre polémicas y acusaciones, la selección dirigida por César Luis Menotti logró levantar ese cetro que desde 1930 había soñado. Países Bajos volvió a caer en la final frente al anfitrión, pero esta vez sin contar con Johan Cruyff, por mucho la ausencia más significativa del torneo.

MARIO ALBERTO KEMPES

1954

Nacido en la localidad cordobesa de Bell Ville, que presume la invención de la pelota con válvula, Mario Alberto parecía predestinado a patear balones.

A los 19 años dejó al club Instituto para mudarse a Rosario Central y de inmediato debutó en la selección. Ávido de aprender, intuitivo, resiliente, con la portería tatuada en la mente, a los veinte años ya jugaba el Mundial de 1974 y esa experiencia lo robustecería para alcanzar su mejor forma en 1978.

Para entonces ya era figura del Valencia, con el que fue campeón de goleo en las dos temporadas previas a Argentina 1978.

Tras una primera ronda sin anotar, se encendió para acumular tres dobletes, incluido el de la final, que subió a la albiceleste a lo más alto.

	CAPACIDAD
E. Monumental, Buenos Aires	*75 000*
Estadio Olímpico, Córdoba	*47 000*
Gigante De Arroyito, Rosario	*45 000*

Argentina 1978

TABLA DE GRUPOS Y RESULTADOS

Grupo 1

Italia	6
Argentina	4
Francia	2
Hungría	0

Italia	2-1	Francia
Argentina	2-1	Hungría
Italia	3-1	Hungría
Argentina	2-1	Francia
Francia	3-1	Hungría
Italia	1-0	Argentina

Grupo 2

Polonia	5
Alemania Fed.	4
Túnez	3
México	0

Alemania Fed.	0-0	Polonia
Túnez	3-1	México
Alemania Fed.	6-0	México
Polonia	1-0	Túnez
Alemania Fed.	0-0	Túnez
Polonia	3-1	México

Grupo 3

Austria	4
Brasil	4
España	3
Suecia	1

Austria	2-1	España
Brasil	1-1	Suecia
Austria	1-0	Suecia
Brasil	0-0	España
España	1-0	Suecia
Brasil	1-0	Austria

Grupo 4

Perú	5
Países Bajos	3
Escocia	3
Irán	1

Perú	3-1	Escocia
Países Bajos	3-0	Irán
Escocia	1-1	Irán
Países Bajos	0-0	Perú
Perú	4-1	Irán
Escocia	3-2	Países Bajos

Segunda ronda

Grupo A

Países Bajos	5
Italia	3
Alemania Fed.	2
Austria	2

Países Bajos	5-1	Austria
Italia	0-0	Alemania Fed.
Países Bajos	2-2	Alemania Fed.
Italia	1-0	Austria
Austria	3-2	Alemania Fed.
Países Bajos	2-1	Italia

Grupo B

Argentina	5
Brasil	5
Polonia	2
Perú	0

Brasil	3-0	Perú
Argentina	2-0	Polonia
Polonia	1-0	Perú
Brasil	0-0	Argentina
Brasil	3-1	Polonia
Argentina	6-0	Perú

Tercer lugar

Brasil	2-1	Italia

Final

Argentina	3-1	Países Bajos
		tiempos extra
Kempes 38´		Nanninga 82´
Kempes 105´		
Bertoni 115´		

El enigma Cruyff

Uno de los mayores misterios mundialistas: la renuncia de Cruyff a Argentina 1978. Por décadas se especularon motivos: si una protesta hacia la Junta Militar, si por una petición de su esposa, si un conflicto con la selección por temas de patrocinios.

Transcurrieron 30 años, ya en pleno 2008, para que la leyenda se explicara. En realidad su ausencia se debió a que a unos meses del certamen fue víctima, con su familia, de un intento de secuestro en Barcelona. Eso derivó en que rechazara alejarse de ellos.

Cruyff disputó su último partido con Países Bajos contra Bélgica, en octubre de 1977, con el que amarró la calificación a la Copa del Mundo que ya no jugó.

Entre los principales favoritos no figuraba Argentina, selección que tenía casi medio siglo sin acceder a semifinales.

Existía la incógnita con Países Bajos. Por si no resultara suficiente la baja de Johan Cruyff, en su dirección técnica hubo turbulencia desde el Mundial anterior. Dimitió su entrenador, Rinus Michels, pasaron otros dos inquilinos por su banquillo, llegó el austriaco Ernst Happel.

Alemania Federal también había perdido a su líder, Franz Beckenbauer, quien decidió retirarse de la selección en 1977. Brasil gozaba de una espléndida camada con Dirceu, Toninho Cerezo, el joven Zico. Francia, que enfrentaría a Hungría con el uniforme del club Kimberley por la similitud de las casacas, alineaba a la nueva perla del futbol europeo, Michel Platini.

En 1974, Argentina designó como seleccionador a César Luis Menotti de 35 años. Su currículum era el título al mando de Huracán, aunque mucho más allá, un agradable estilo basado en posesión de balón. Su renovado equipo nacional mantenía a Kempes y añadía a uno de los mejores defensas de la historia, Daniel Passarella. Además, Luque, Fillol, Ardiles, Tarantini. Convocó a un niño de 16 años llamado Diego Armando Maradona, deslumbrante en Argentinos Juniors, mas no lo integró al plantel mundialista.

La albiceleste iría creciendo al avanzar una competición que, otra vez, agregaba una segunda ronda de grupos de la que saldrían los finalistas. Ahí se propició una situación por siempre discutida. Para superar a Brasil y meterse a la final, Argentina necesitaba vencer a Perú por cuatro goles... y se impuso 6-0. No tardaron las conjeturas y teorías de conspiración. Si los peruanos se vendieron a cambio de la exportación de un cargamento de trigo, si fue la presión de la dictadura militar, si estuvo coludido el portero inca, Ramón Quiroga, argentino de nacimiento. Acusaciones nunca confirmadas.

Argentina enfrentó a Países Bajos por el trofeo. Kempes adelantó, Nanninga igualó para los visitantes y, al minuto 90, Rensenbrink enmudeció al estadio: remate al poste que habría implicado la corona mundial. Con ese susto vinieron tiempos extra. Kempes aceleró para otro gol y Bertoni sentenció con el 3-1.

Entre cielos pintados de papel picado, Argentina era campeona, los *oranje* se atascaban de nuevo en la antesala de la gloria. •

EL POSTE DE RENSENBRINK

Argentina recibió la sede en 1966 sin importar que una semana antes un Golpe de Estado tiró a su presidente. En 1973 regresaba una democracia que no duraría. Si la FIFA adjudicó el torneo a una Junta Militar, el Mundial sería doce años después bajo otra Junta Militar.

Consumado el Golpe de 1976, la primera señal televisiva permitida fue el amistoso contra Polonia, indicio del régimen cooptando el futbol. Carlos Lacoste, emparentado con el general golpista Jorge Rafael Videla, encabezaría el Comité Organizador. Pese a que varios intelectuales franceses, como Jean-Paul Sartre y Bernard-Henry Levy, conminaron a Europa a boicotear el Mundial, ninguna selección se adhirió. Sólo se negó el alemán Paul Breitner.

La Junta reaccionaría a las críticas por violar Derechos Humanos, con el eslogan, "Los argentinos somos derechos y humanos". En el colmo de la manipulación, se publicó una supuesta carta del neerlandés Ruud Krol, asegurando a su hija que todo era paz en Argentina.

El estruendo del estadio de River silenciaba los gritos de torturas y ejecuciones, a unas cuadras, en el cuartel de la ESMA. •

MÉXICO EN ARGENTINA 1978

El fallido intento de calificar a Alemania 1974 dio pie a un ciclo tan promisorio que se le bautizó como “La esperanza verde”.

Generación nueva, con Hugo Sánchez y Víctor Rangel al frente, oro panamericano en 1975 y subcampeona juvenil en el Mundial de 1977.

La deficiente primera fase clasificatoria no sirvió de advertencia. Luego se jugó el Premundial en nuestro país y el Tri repartió goleadas. Muchos aficionados auguraban que ese equipo al menos sería semifinalista.

El primer rival en Argentina fue la teórica débil Túnez. Al entretiempo, México ganaba 1-0 y se vaticinaba una victoria sencilla. En la segunda mitad se precipitó la hecatombe. Derrota 3-1, primer triunfo de un conjunto africano en Mundiales. La selección guiada por José Antonio Roca, con estrellas como Alfredo Tena, Vázquez Ayala, Leonardo Cuéllar, el adolescente Hugo, ya no se recuperó. Alemania Federal le metió seis y Polonia otros tres. Uno de los fracasos más dolorosos por cuanto ilusionaba este Tricolor.

Campeón: ITALIA • Subcampeón: ALEMANIA FEDERAL • Tercer lugar: POLONIA

Crack: DINO ZOFF (ITA)
Campeón goleador: PAOLO ROSSI (ITA) 6 goles
Mejor portero: DINO ZOFF (ITA)

24 selecciones participantes • 52 partidos • promedio de 2.81 goles por partido

ESPAÑA 1982

Italia demostró que un equipo en racha es capaz de vencer a quienes juegan mejor o cuentan con mayores estrellas. Selección de la que se esperaba poco en 1982. Paolo Rossi apenas superó los 150 goles en su carrera, pero seis de ellos fueron en los partidos más importantes que jamás jugó. A su lado uno de los porteros más seguros de la historia, el gran Dino Zoff.

DINO ZOFF

1942

A los cuarenta años, más veterano que nadie hasta ese momento, Dino Zoff levantó la Copa FIFA como capitán. Atrás dejaba una larguísima trayectoria en la que la longevidad era sólo otra de sus facetas: liderazgo, serenidad, reflejos, ubicación, intuición, resiliencia y maestría para los balones aéreos.

El niño frustrado porque su corta estatura le impediría convertirse en guardameta, ese al que su abuela sometió a una dieta hiperproteica pensando que así ganaría altura (desayunos de ocho huevos a diario), terminó por crecer en centímetros y, aún más, en talento.

Otro arquero de la Juventus, Gianpiero Combi, fue el primero en recibir como capitán la copa en 1934. Medio siglo después, Dino Zoff repetía ese honor.

PRINCIPALES ESTADIOS	CAPACIDAD
Santiago Bernabéu, Madrid	*90 000*
Camp Nou, Barcelona	*120 000*
Ramón Sánchez Pizjuán, Sevilla	*70 000*

Mascota

España rompió con la tradición de tres Mundiales consecutivos representados por figuras humanas como mascotas. Cuando muchos pensaban que sería un toro de lidia o incluso un torero, se eligió una sonriente naranja, fruta de enorme producción en este país. Naranjito, su novia mandarina y su amigo limón, aparecieron en una serie animada.

Kuwait sorprendió conquistando la eliminatoria Asia-Oceanía, optimismo que continuó al abrir el torneo empatando con Checoslovaquia.

Su segundo compromiso era contra Francia. Pronto el equipo del Golfo se vio rebasado. En los minutos finales, con los galos arriba 3-1, Alain Giresse anotó el cuarto.

Los franceses festejaban cuando percibieron algo extraño. Un personaje con turbante rojiblanco entraba muy molesto a la cancha del estadio José Zorrilla de Valladolid. Se trataba del jeque Fahad al Ahmad al Sabah, máximo dirigente deportivo kuwaití y hermano del emir.

Se aproximó al árbitro, el soviético Myroslav Stupar, exigiéndole que anulara el gol. Insistía que sus jugadores se distrajeron con un silbatazo y amenazaba con retirar a su selección. Increíblemente, el juez central concedió: el gol de Giresse se borraba, ahora con profundo enojo de los franceses.

Instantes después, Maxime Bossis metía (de nuevo) el cuarto gol. Éste sí contó.

El jeque moriría en 1990 en la invasión iraquí a Kuwait que propició la Guerra del Golfo. Se especula que lo asesinaron en pleno palacio al no lograr escapar con el resto de la familia real. •

El Palacio de Congresos de Madrid vivió el sorteo más caótico de la historia. La polémica comenzó con el sembrado de los equipos en cuatro niveles. Francia y Bélgica disputaban ser cabezas de serie, pero Inglaterra las desbancó por la determinación de enviarla a jugar a Bilbao para que la experimentada policía vasca controlara a los *hooligans.*

Se había decidido que los sudamericanos no podían enfrentarse, por ello Chile y Perú se sortearían toda vez que dos europeos de su bombo fueran directo al grupo 3 (con Argentina) y 6 (con Brasil). No obstante, Bélgica se colocó en el sector 1 junto a Italia, para luego mandar a Escocia al 3 con Argentina. Joseph Blatter, recién asignado secretario general de la FIFA, discutía con otros oficiales ante el desconcierto de los niños de San Ildefonso, acostumbrados a cantar a los ganadores de la lotería navideña con mayor paz. Bélgica pasó entonces al 3 y Escocia al 6.

Para colmo, otras pelotitas se atascaron y reventaron en la jaula. Con desatornilladores tratando de desatorarlas a media transmisión internacional, la vergüenza resultó colosal. •

Arte mundialista

Uno de los pósters más icónicos en eventos deportivos: el artista catalán Joan Miró pintó poco antes de su muerte el cartel oficial de España 1982. Con sus inconfundibles trazos, colores, letras y ese estilo tan abstracto como surrealista, "La fiesta" fue imagen del Mundial y de la España que dejaba atrás la dictadura franquista.

Además, artistas como Antonio Saura, Roland Topor, Jean-Michel Folon, Antoni Tàpies y Valerio Adami contribuyeron con pósters para ciudades sede.

Desde 1966 España había recibido la sede de 1982. 16 años en los que la nación ibérica ya era otra. Concluyó el franquismo y resurgió la democracia, por mucho que a un año del Mundial hubo un intento fallido de golpe de Estado.

Además, el torneo ampliaba su tamaño a 24 selecciones, apegado a la promesa de João Havelange al buscar la presidencia de la FIFA.

Nadie jugaba como Brasil con virtuosos como Zico, Sócrates, Falcão, pero imposible ignorar a Argentina, su plantel campeón reforzado con Diego Maradona, recién firmado su traspaso récord al Barcelona. Francia añadía a Platini una generación dorada con Tigana, Trésor, Giresse.

Italia efectuó una fase inicial mediocre. Igualó con Polonia, Camerún y Chile, lo que le alcanzó para avanzar. Ante las fuertes críticas, el seleccionador Enzo Bearzot decretó el *silenzio stampa*: prohibido hablar con la prensa. Su principal valor ofensivo, Paolo Rossi, cargaba con una polémica. En 1980 lo suspendieron tres años por el escándalo de apuestas *Totonero*. El castigo disminuyó para que pudiera reaparecer antes de un Mundial al que, no obstante, llegaba carente de ritmo.

A Italia le tocaron dos tiburones en la segunda etapa de grupos: Argentina y Brasil. El defensa Claudio Gentile secó a Maradona atizándole 23 faltas y los *azzurri* se impusieron. Batacazo argentino consumado al caer con Brasil, el exasperado Diego expulsado por propinar una patada tremenda.

La *verdeamarela* dependía del empate para ser semifinalista, Italia debía ganar... y Rossi lo hizo realidad metiendo tres goles. No conforme, realizó otros dos a Polonia en semifinales y llevó a su representativo a la final.

Su rival saldría de entre Alemania Federal y Francia, que estaban 1-1 en la segunda mitad. Entonces Platini filtró un balón a Patrick Battiston quien fue embestido con brutalidad por el portero Harald Schumacher. El francés perdió dos dientes y tuvo tres costillas rotas, mas no se sancionó penal. El partido se extendió a tiempos extra en los que el marcador se puso 3-3. Por primera ocasión se definiría un encuentro mundialista en serie de penaltis, tanda en la que el controvertido Schumacher clasificó a la *Mannschaft*.

En la final volvió a anotar el inspirado Rossi, aparte de Tardelli y Altobelli, para convertir a Italia en tricampeona. •

España 1982

TABLA DE GRUPOS Y RESULTADOS

Grupo 1

Polonia	4
Italia	3
Camerún	3
Perú	2

Italia	0-0	Polonia
Perú	0-0	Camerún
Italia	1-1	Perú
Polonia	0-0	Camerún
Polonia	5-1	Perú
Italia	1-1	Camerún

Grupo 2

Alemania Fed.	4
Austria	4
Argelia	4
Chile	0

Argelia	2-1	Alemania Fed.
Austria	1-0	Chile
Alemania Fed.	4-1	Chile
Austria	2-0	Argelia
Argelia	3-2	Chile
Alemania Fed.	1-0	Austria

Grupo 3

Bélgica	5
Argentina	4
Hungría	3
El Salvador	0

Bélgica	1-0	Argentina
Hungría	10-1	El Salvador
Argentina	4-1	Hungría
Bélgica	1-0	El Salvador
Bélgica	1-1	Hungría
Argentina	2-0	El Salvador

Grupo 4

Inglaterra	6
Francia	3
Checoslovaquia	2
Kuwait	1

Inglaterra	3-1	Francia
Checoslovaquia	1-1	Kuwait
Inglaterra	2-0	Checoslovaquia
Francia	4-1	Kuwait
Francia	1-1	Checoslovaquia
Inglaterra	1-0	Kuwait

Grupo 5

Irlanda del Norte	4
España	3
Yugoslavia	3
Honduras	2

España	1-1	Honduras
Yugoslavia	0-0	Irlanda del Norte
España	2-1	Yugoslavia
Honduras	1-1	Irlanda del Norte
Yugoslavia	1-0	Honduras
Irlanda del Norte	1-0	España

Grupo 6

Brasil	6
Unión Soviética	3
Escocia	3
Nueva Zelanda	0

Brasil	2-1	Unión Soviética
Escocia	5-2	Nueva Zelanda
Brasil	4-1	Escocia
Unión Soviética	3-0	Nueva Zelanda
Unión Soviética	2-2	Escocia
Brasil	4-0	Nueva Zelanda

Segunda ronda

Grupo A

Polonia	3	
Unión Soviética	3	
Bélgica	0	

Polonia	3-0	Bélgica
Unión Soviética	1-0	Bélgica
Polonia	0-0	Unión Soviética

Grupo B

Alemania Fed.	3
Inglaterra	2
España	1

Alemania Fed.	0-0	Inglaterra
Alemania Fed.	2-1	España
España	0-0	Inglaterra

Grupo C

Italia	4
Brasil	2
Argentina	0

Italia	2-1	Argentina
Argentina	1-3	Brasil
Italia	3-2	Brasil

Grupo D

Francia	4
Austria	1
Irlanda del Norte	1

Francia	1-0	Austria
Austria	2-2	Irlanda Norte
Francia	4-1	Irlanda Norte

Semifinales

Italia	2-0	Polonia
Francia	3-3	Alemania Fed.
	4-5	*en penales*

Tercer lugar

Polonia	3-2	Francia

Final

Italia	3-1	Alemania Fed.
Rossi 57´		Breitner 83´
Tardelli 69´		
Altobelli 81´		

"¿Perdimos? Mala suerte y peor para el futbol", aseveró el mediocampista brasileño Sócrates al caer con Italia, debacle del jogo bonito frente al oportunismo de Paolo Rossi. Su seleccionador, Telé Santana, agregó: "Prefiero perder jugando un futbol bonito que ganar jugando mal".

Un bochornoso episodio, el 25 de junio de 1982, cambiaría las fases de grupos.

Alemania Federal y Austria arribaron a su último choque de la ronda preliminar sabiendo lo que requerían para avanzar, pues desde el día anterior cerraron los otros dos integrantes del sector, Argelia 3-2 Chile.

La única forma de que los norafricanos quedaran fuera y calificaran los dos germanoparlantes, era con triunfo alemán por uno o dos goles... tal como aconteció. Tras anotar el *Tanque* Horst Hrubesch al minuto 10, ya no se movió el marcador y casi ni los jugadores, la pelota lejos de las áreas.

Los aficionados abucheaban gritando "¡Que se besen!", aunque la no agresión se prolongó hasta el final. A ese penoso cotejo se le llamaría "La desgracia de Gijón". Argelia, entrenada por Rachid Mekhloufi, aquel futbolista que a meses de Suecia 1958 escapara de la selección francesa para que sus goles contribuyeran a la independencia de su país... esa Argelia se despedía.

A partir del Mundial de 1986 las fases de grupos culminan con los dos duelos en simultáneo para no otorgar ventajas. •

MÉXICO EN ESPAÑA 1982

La más oscura nube se posaría otros cuatro años sobre el Tri. Tras la no calificación a 1974 y el desastre de 1978, la selección mexicana vería España 1982 por televisión.

México se clasificó de panzazo al Premundial en Honduras, atormentado por una primera ronda en la que perdió con EE.UU., por primera vez en 46 años. Como sea, tranquilizaba que, ante el aumento del aforo mundialista, CONCACAF disponía de dos plazas.

Raúl Cárdenas regresaba al timón que ocupara en el Mundial de 1970. Su figura era un goleador transferido en 1981 al Atlético de Madrid, Hugo Sánchez, junto con elementos como Manuel Manzo, Tomás Boy, Wendy Mendizábal.

Luego del debut goleando a Cuba, el Tricolor ya no logró ganar. A la derrota contra El Salvador siguieron igualadas con Haití y Canadá. Faltaba enfrentar al anfitrión, Honduras, que no se jugaba nada al estar ya calificado. Pese a su pésimo rendimiento, el Tri tenía en sus manos el boleto, le bastaba con la victoria. Sin embargo, México resultó incapaz de anotar y en ese cero a cero forjó un nuevo naufragio.

Campeón: ARGENTINA • Subcampeón: ALEMANIA FEDERAL • Tercer lugar: FRANCIA

Crack: DIEGO ARMANDO MARADONA (ARG)
Campeón goleador: GARY LINEKER (ENG) 6 goles
Mejor portero: JEAN-MARIE PFAFF (BEL)

24 selecciones participantes • 52 partidos • promedio de 2.54 goles por partido

MÉXICO 1986

Una carambola devolvió pronto el Mundial a México y permitió que el Estadio Azteca, trono de Pelé 16 años antes, ahora lo fuera de Diego Armando Maradona en la versión más decisiva que futbolista alguno haya mostrado en un torneo. Actuaciones memorables de Francia y Dinamarca, además de la combatividad de una Alemania que, haciendo lo justo, otra vez acarició el título.

DIEGO ARMANDO MARADONA

1960-2020

La frustración acumulada en los dos Mundiales previos (en 1978 excluido de la lista; en 1982 expulsado), se convirtió en el combustible que nos obsequiaría el más pletórico mes en la carrera de Diego... y quizá de cualquier futbolista.

Aquel niño de los orígenes más marginales en Villa Fiorito, llegaba a México tras haber pasado de Barcelona a Nápoles. Con ello rompía de nuevo el récord de transferencia más cara.

Virtuoso y líder, al concedérsele el gafete albiceleste (lo que implicó una inevitable tensión con el anterior capitán, Daniel Passarella), Maradona cargó a su selección con inmensa gallardía y mejoró a todos sus compañeros.

Cada una de sus apariciones en este Mundial sería una oda al futbol.

PRINCIPALES ESTADIOS	CAPACIDAD
Estadio Azteca, Ciudad de México	*120 000*
Estadio Jalisco, Guadalajara	*60 000*
Estadio Universitario, Monterrey	*43 000*

Mascota

Cantinflas, el celebérrimo personaje de Mario Moreno, pudo ser la mascota de México 1986. Incluso se presentaron sus animaciones con uniforme tricolor y el pie sobre el balón. Esa idea cambiaría al cabo de unos meses y surgiría Pique, un simpático chile portando tan enorme sombrero como tupido bigote, además del juego de palabras de su nombre con la comida picante y la picardía mexicana.

Un agónico gol de Karim Saddam en los segundos finales del duelo eliminatorio de Irak contra Emiratos Árabes Unidos consumó el milagro: Irak calificaría a su primera Copa del Mundo en 1986... Saddam, coincidentemente llamado como el hombre que mandaba con mano durísima desde 1979 en este país, Saddam Hussein.

El hijo del dictador, Uday, no sólo encabezaba uno de los principales regimientos militares que reprimía toda oposición a su padre, también presidía tanto el Comité Olímpico Iraquí como la federación local de futbol.

Sanguinario individuo que torturaba a los jugadores con máximo sadismo. Por eso en los apodados *Leones de Mesopotamia* nadie deseaba cobrar penaltis: un fallo podía desembocar en el más siniestro castigo.

La única selección iraquí que se ha metido a un Mundial lo hizo bajo las peores condiciones. En el certamen perdieron sus tres partidos, con Karim Saddam con el dorsal número 9 y Hussein Saed el 10. Este, acusado más tarde de ser cómplice de Uday en la distribución de reprimendas. Al caer el régimen en 2003 se encontraron las catacumbas donde los jugadores eran lacerados. •

Desde las entrañas del barrio de Tepito floreció el uniforme con el que Maradona dictó su mayor recital. Los argentinos habían intercambiado sus casacas azules al derrotar a Uruguay en octavos, sin imaginar que no tenían otras en ese color adecuadas para el calor mexicano, tal como exigía su entrenador, Bilardo. El pánico brotó al notificarles la FIFA que contra Inglaterra en cuartos de nuevo vestirían en azul (y no albiceleste).

Héctor Miguel Zelada, tercer arquero de esa selección, conocía perfecto la capital por ser portero del club América (de hecho, Argentina estaba concentrada en la sede águila, las instalaciones de Coapa). Sugirió buscar en el tianguis de Tepito, donde los utileros detectaron unas playeras en tono más chillante, mismas que fascinaron a Maradona. Sin embargo, les faltaban tres elementos. Para añadirles los números no hubo problema. En cuanto a los orificios para ventilación y transpiración demandados por Bilardo, se abrieron con agujas. La improvisación llegó con los escudos: a horas de irse al Azteca, las cocineras de Coapa les cosieron unos logotipos de la AFA incompletos, sin las hojas de laurel. Con ellos, Diego tocó la eternidad. •

El legado Leibovitz

Este Mundial innovó con una serie de fotografías promocionales y, para tales fines, se contrató a una icónica fotógrafa. Annie Leibovitz se propuso que cada imagen se compusiera por tres pilares: humanidad, balón y tierra. Sitios arqueológicos y bellezas naturales de México en los que lucían atajadas, dribles, remates, saques de banda, incluso la sombra de un futbolista posada en un Atlante de Tula. 36 años después, previo a Qatar 2022, Leibovitz retrataría a Lionel Messi y Cristiano Ronaldo en una partida de ajedrez sobre un maletín.

A ocho meses del Mundial, México era sacudido por un catastrófico terremoto. Al dimensionar las pérdidas humanas y contemplar las ruinas, se sopesó mudar el certamen a Alemania Federal, pero los planes se mantuvieron.

Francia venía de alzar la Euro y buscaba revancha luego de la derrota en 1982, con Platini presumiendo tres Balones de Oro en fila. Brasil actuaría de nuevo en el estadio Jalisco, tal como en 1970. Argentina se clasificó sufriendo y con severas críticas al seleccionador, Carlos Salvador Bilardo, aunque intrigaba lo que Maradona pudiera lograr. El combinado soviético convocó a doce del Dynamo de Kiev, entrenado por quien antes los formó en ese club, Valeri Lobanovski.

El torneo retiró la segunda ronda de grupos, con lo que habría eliminación directa desde octavos.

La fase inicial añadió otro favorito: una Dinamarca que repartía goles a través de Preben Elkjær y Michael Laudrup, hasta que España los trituró en Querétaro con cuatro tantos de Emilio Butragueño.

Argentina iba creciendo catapultada por un Maradona imperial. En cuartos se toparía con Inglaterra, con la Guerra de las Malvinas de 1982 muy presente. Tras un primer tiempo trabado, Diego anotó primero con la mano, ante la ceguera del árbitro tunecino, y tres minutos después plasmó la Mona Lisa del futbol: dribló a cuanto inglés surgió para terminar sometiendo al portero, Peter Shilton. Tres días más tarde, Maradona repetía poesía contra Bélgica y su doblete colocaba a Argentina en la final.

Del otro lado, Francia y Brasil sostuvieron un partidazo. Igualaban a uno cuando entró Zico y, de inmediato, dispuso de un penalti que erró. El cotejo se extendió a tanda de penales donde ahora Platini la voló. Pese a eso, avanzó el cuadro *bleu*. En semifinales se reencontraba con los alemanes que estaban jugando sin brillantez, mas ese día los galos cayeron.

En la final, Argentina caminaba cómoda a la victoria. Al minuto 74 vencía 2-0 acaso sin recordar que se medía al maestro de las remontadas. Dos acciones casi idénticas desde tiro de esquina emparejaron el loco marcador al 81. Entonces emergió Maradona, hasta ese instante nulificado por Lothar Matthäus. Rodeado por cuatro germanos filtró una pelota perfecta para que Burruchaga anotara. 3-2. El *Pelusa* daba el segundo título a la albiceleste. •

México 1986

TABLA DE GRUPOS Y RESULTADOS

Grupo A

Argentina	5
Italia	4
Bulgaria	2
Corea Del Sur	1

Italia	1-1	Bulgaria
Argentina	3-1	Corea Del Sur
Italia	1-1	Argentina
Corea Del Sur	1-1	Bulgaria
Italia	3-2	Corea Del Sur
Argentina	2-0	Bulgaria

Grupo B

México	5
Paraguay	4
Bélgica	3
Irak	0

México	2-1	Bélgica
Paraguay	1-0	Irak
México	1-1	Paraguay
Bélgica	2-1	Irak
Paraguay	2-2	Bélgica
México	1-0	Irak

Grupo C

Unión Soviética	5
Francia	5
Hungría	2
Canadá	0

Francia	1-0	Canadá
Unión Soviética	6-0	Hungría
Francia	1-1	Unión Soviética
Hungría	2-0	Canadá
Francia	3-0	Hungría
Unión Soviética	2-0	Canadá

Grupo D

Brasil	6
España	4
Irlanda del Norte	1
Argelia	1

Brasil	1-0	España
Argelia	1-1	Irlanda del Norte
Brasil	1-0	Argelia
España	2-1	Irlanda del Norte
Brasil	3-0	Irlanda del Norte
España	3-0	Argelia

Grupo E

Dinamarca	6
Alemania Fed.	3
Uruguay	2
Escocia	1

Uruguay	1-1	Alemania Fed.
Dinamarca	1-0	Escocia
Alemania Federal	2-1	Escocia
Dinamarca	6-1	Uruguay
Dinamarca	2-0	Alemania Fed.
Escocia	0-0	Uruguay

Grupo F

Marruecos	4
Inglaterra	3
Polonia	3
Portugal	2

Marruecos	0-0	Polonia
Portugal	1-0	Inglaterra
Inglaterra	0-0	Marruecos
Polonia	1-0	Portugal
Inglaterra	3-0	Polonia
Marruecos	3-1	Portugal

Octavos de Final

México	2-0	Bulgaria
Bélgica	4-3	Unión Soviética
	tiempos extra	
Brasil	4-0	Polonia
Argentina	1-0	Uruguay
Francia	2-0	Italia
Alemania Fed.	1-0	Marruecos
Inglaterra	3-0	Paraguay
España	5-1	Dinamarca

Cuartos de Final

Brasil	1-1	Francia
	3-4	*en penales*
Alemania Fed.	0-0	México
	4-1	*en penales*
Argentina	2-1	Inglaterra
España	1-1	Bélgica
	4-5	*en penales*

Semifinales

Alemania Fed.	2-0	Francia
Argentina	2-0	Bélgica

Tercer lugar

Francia	4-2	Bélgica

Final

Argentina	3-2	Alemania Fed.
Brown 23´		Rummenigge 74´
Valdano 56´		Völler 81´
Burruchaga 84´		

"¡Golazo! ¡Maradona! Es para llorar, perdónenme. Maradona, en recorrida memorable, en la jugada de todos los tiempos. ¡Barrilete cósmico! ¿De qué planeta viniste para dejar en el camino a tanto inglés, para que el país sea un puño apretado gritando por Argentina?"

Narración de Víctor Hugo Morales.

DIEGO Y EL PASE DEL TÍTULO

Mientras Italia levantaba el trofeo en 1982, se leía el mensaje: "¡Nos vemos en Colombia 86!", sede otorgada desde 1974 gracias a la labor del dirigente Alfonso Senior.

A poco de inaugurarse España 1982, Belisario Betancur fue electo presidente de Colombia. En su campaña advertía: "El gobierno respalda la organización del Mundial, siempre que no le cueste un peso".

La crisis económica apretaba a este país al igual que la problemática por la guerrilla. Desde la FIFA se criticaban las demoras. Brasil se ofrecía como anfitrión.

El 25 de octubre de 1982 se oficializaba la renuncia, toda vez que la iniciativa privada colombiana no se comprometió a solventar el evento.

Se desató la pugna en Norteamérica. EE.UU., abanderado por Pelé y Franz Beckenbauer, avalado por el poderoso político Henry Kissinger y la empresa Warner, estaba seguro de su éxito. No obstante, México, con la relevancia en la FIFA de Guillermo Cañedo y la influencia de Grupo Televisa, resultó escogido. Incrédulo, Kissinger clamaría: "La política detrás del futbol me hace nostálgico de la política en Medio Oriente". •

MÉXICO EN MÉXICO 1986

México instauró un proyecto sin precedentes para cambiar su historia futbolera.

Bora Milutinović, entrenador serbio que coronara a Pumas, recibió al Tri con gran apoyo. Se dividió la liga en dos certámenes cortos para beneficiar la preparación y los seleccionados estuvieron un año integrados realizando giras.

Al final se concentraron por dos meses en el Centro de Capacitación, salvo por Hugo Sánchez, quien por militar en el Real Madrid, recién ganado su segundo Pichichi, tardó más en llegar. México abrió pegándole 2-1 a Bélgica con goles de cabeza de Quirarte y Hugo. Luego vino un agrio empate con Paraguay, en el que Hugo falló un penal en el último minuto, y el 1-0 sobre Irak (de nuevo, el *Sheriff* Quirarte). Eso dejó al Tricolor como líder. En octavos se enfrentó a Bulgaria con victoria 2-0, incluida la hermosa tijera de Manuel Negrete. Esperaba Alemania Federal en Monterrey. El cotejo avanzaba sin goles cuando se anuló polémicamente un gol al *Abuelo* Cruz. En los penales, ante el arquero Schumacher, el sueño se acabó.

Por primer Mundial (y de momento único), México jugó cinco partidos.

10

Campeón: ALEMANIA FEDERAL • Subcampeón: ARGENTINA • Tercer lugar: ITALIA

Crack: LOTHAR MATTHÄUS (GER)
Campeón goleador: SALVATORE SCHILLACI (ITA) 6 goles
Mejor portero: SERGIO GOYCOCHEA (ARG)

24 selecciones participantes • 52 partidos • promedio de 2.21 goles por partido

ITALIA 1990

Cuatro años y nueve días después se reencontraron Argentina y Alemania Federal en otra final. Competición poco vistosa y con el menor promedio de goles, los germanos lograron coronarse tras haber perdido las dos finales previas. Franz Beckenbauer repetiría desde el banquillo el cetro antes conquistado como capitán. Esta vez los milagros de Maradona no bastaron a Argentina.

LOTHAR MATTHÄUS

1961

Símbolo máximo de regularidad, Lothar Matthäus disputó al menos un partido con su selección al año entre 1980 y 2000.

De sus cinco Copas del Mundo, primer futbolista de campo en conseguirlo, ninguna como la de Italia 1990 a la que llegaba como gran estrella del Inter de Milán y ahora actuando como volante de corte más ofensivo, especie de diez. Y es que fue tan polifacético que casi a cada certamen ocupó una posición diferente gracias a la enorme variedad de atributos futboleros que dominaba. Supo adueñarse del juego sin importar donde lo alinearan.

Aquel niño que temió no ser profesional por su baja estatura, trabajó para sustituir esa circunstancia con técnica, visión, resistencia, sacrificio y ubicación.

PRINCIPALES ESTADIOS	CAPACIDAD
Estadio Olímpico, Roma	*73 000*
Estadio Giuseppe Meazza, Milán	*74 000*
Estadio San Paolo, Nápoles	*60 000*

Mascota

Italia desafió todo lo que hasta entonces se había presentado como mascota mundialista. Apostó por un futbolista compuesto por cubos, cuya cabeza era un balón.
Diseño minimalista que inició con nula aceptación por no reflejar la cultura italiana. Eso mejoró al llamársele Ciao!, palabra informal para saludar y despedirse en Italia.

El andar mundialista de Roger Milla pareció terminar cuando Camerún se despidió invicto de España 1982 tras igualar sus tres partidos.

A unos meses de Italia 1990, con el atacante ya jugando en una liga de retiro en la paradisiaca Isla Reunión, recibió una llamada del dictador camerunés, Paul Biya. Lo conminaba a reforzar una selección que acababa de fracasar en la Copa África. A algunos jugadores no les encantó la idea. También se opuso el ruso Valery Nepomnyashchy, entrenador de Camerún, aunque imposible resistir ante Biya, personaje que mandaría en ese país por más de 40 años.

Milla llegó al Mundial con 38 años. Ingresó a falta de media hora en el segundo juego, contra Rumania, y anotó dos veces. Los festejó en el banderín de córner con su sello: el tradicional baile Makossa. En octavos de final, ante Colombia, entró como relevo con el marcador sin goles y guardó su espectáculo para los tiempos extra. En un lapso de dos minutos metió otro doblete, el segundo tanto robando el balón al arquero Higuita. En cuartos de final, frente a Inglaterra, le cometieron el penal para el empate camerunés, aunque en la prórroga cayó 3-2. Superaría su propio récord en EE.UU. 1994 con gol a los 42 años. •

El misterio de Turín. ¿Hubo motivos secretos detrás de la victoria argentina sobre Brasil, más allá de la divina asistencia de Maradona a Caniggia?

En 2004 el propio Diego confesó lo sucedido en esa jornada de octavos. Según develó, entre los bidones o termos que cargaba el cuerpo médico argentino, se incluían los verdes con algún sedante o droga diluidos, además de los transparentes con agua potable.

Mientras atendían a un jugador lesionado, un elemento argentino tomó de la hielera el recipiente contaminado y al escuchar una aparente indicación, escupió lo ingerido. Entonces Giusti entregó un frasco verde al brasileño Branco, quien, agradecido con el gesto de su rival, se hidrató en esa tarde de temperaturas superiores a 34°C. A la siguiente incursión del médico argentino, reparando que un mareado y debilitado Branco sospechaba, Burruchaga sostuvo un bote verde, mas sólo fingió que bebía.

Los dirigentes desmentirían la versión de Diego, aunque Ruggeri admitiría: "vos no podés tomar agua del visitante". Branco clamó: "Fue irresponsable, pudo tener consecuencias terribles". Todo apunta a que en la tierra de Maquiavelo, Bilardo aplicó el lema de "el fin justifica los medios". •

Un verano italiano

Dada su celebrada carrera produciendo hits y musicalizando películas tan taquilleras como Top Gun, se encomendó al músico italiano, Giorgio Moroder, una canción en inglés para el Mundial. Así lo hizo con To Be Number One.

Sin embargo, algo no embonaba. Solicitaron a un letrista italiano que la adaptara al idioma local y su entrega distó de lo buscado. En un nuevo intento acoplaron a dos cantautores que nunca habían trabajado juntos, Gianna Nannini y Edoardo Bennato. El mágico resultado, Un'estate italiana (un verano italiano), sería no sólo himno del Mundial, sino indispensable en los noventa. La intensidad de las voces y el estribillo son parte de la historia del futbol.

Esa futurista franja negra-roja-amarilla en el pecho daba otra aura al uniforme alemán. Hasta la casaca parecía aludir al momento: tirado el Muro de Berlín, próxima la reunificación.

Tan pronto como en octavos esa *Mannschaft* se vio desafiada. Su sinodal era otro favorito, Países Bajos, equipo que los derrotara en la Eurocopa 1988. Por si no bastara su histórica rivalidad, el duelo se jugaría en Milán con seis futbolistas locales en ese estadio: la columna neerlandesa de tres milanistas (Rijkaard, Gullit, van Basten), la teutona con tres interistas (Brehme, Matthäus, Klinsmann). Partido que se recuerda por las expulsiones de Völler y Rijkaard, escupitajos incluidos. Alemania avanzó para después eliminar a Checoslovaquia y sufrir ante Inglaterra en semifinales, a la que echó en penales.

El camino de Argentina resultó convulso. Abrió con sorpresiva derrota con Camerún. Contra la URSS se lesionó su portero, Nery Pumpido, reemplazado de emergencia por el teórico tercer guardameta, Sergio Goycochea (el suplente, Luis Islas, estaba ausente por negarse a ir a la banca). El árbitro de nuevo pasaría por alto una mano de Maradona, quien frenó con el brazo un remate soviético, y la albiceleste sacó una victoria imprescindible para meterse a octavos. Ahí afrontaría el clásico sudamericano.

Brasil dominó, pero entre los postes y las salvadas del héroe espontáneo, Goyco, el marcador no se movía. Al 81 Maradona eludió a tres rivales y se inventó un servicio entre cuatro brasileños para dejar solo a Caniggia: Argentina se impuso. En cuartos venció a Yugoslavia en penales; al fallar Diego, Goycochea debía atajar los dos últimos... y lo hizo.

En la semifinal tocaba el anfitrión, Italia, cuyo delantero reserva, Toto Schillaci, se ganó el puesto jugando el torneo de su vida (de siete tantos que anotaría para la *Azzurra*, seis serían en este Mundial). Zenga, el portero italiano, no recibió gol en todo el certamen hasta una mala salida esa noche, aprovechada por Caniggia para igualar. Se marcharon a penales y Goyco, ya colosal, repelió dos.

A diferencia de la final de 1986, este Alemania Federal-Argentina fue muy cerrado. Al minuto 85, oliéndose tiempos extra, Sensini barrió sobre Völler y se sancionó un polémico penalti. Brehme acertó transformando a la *Mannschaft* en tricampeona. •

Italia 1990

TABLA DE GRUPOS Y RESULTADOS

Grupo A

Italia	6
Checoslovaquia	4
Austria	2
EE.UU.	0

Italia	1-0	Austria
Checoslovaquia	5-1	EE.UU.
Italia	1-0	EE.UU.
Checoslovaquia	1-0	Austria
Italia	2-0	Checoslovaquia
Austria	2-1	EE.UU.

Grupo B

Camerún	4
Rumania	3
Argentina	3
Unión Soviética	2

Argentina	0-1	Camerún
Unión Soviética	0-2	Rumania
Argentina	2-0	Unión Soviética
Camerún	2-1	Rumania
Argentina	1-1	Rumania
Unión Soviética	4-0	Camerún

Grupo C

Brasil	6
Costa Rica	4
Escocia	2
Suecia	0

Brasil	2-1	Suecia
Costa Rica	1-0	Escocia
Brasil	1-0	Costa Rica
Escocia	2-1	Suecia
Brasil	1-0	Escocia
Costa Rica	2-1	Suecia

Grupo D

Alemania Fed.	5
Yugoslavia	4
Colombia	3
Emiratos Árabes	0

Colombia	2-0	Emiratos Árabes
Alemania Fed.	4-1	Yugoslavia
Yugoslavia	1-0	Colombia
Alemania Fed.	5-1	Emiratos Árabes
Alemania Fed.	1-1	Colombia
Yugoslavia	4-1	Emiratos Árabes

Grupo E

España	5
Bélgica	4
Uruguay	3
Corea del Sur	0

Bélgica	2-0	Corea del Sur
España	0-0	Uruguay
Bélgica	3-1	Uruguay
España	3-1	Corea del Sur
España	2-1	Bélgica
Uruguay	1-0	Corea del Sur

Grupo F

Inglaterra	4
Rep. Irlanda	3
Países Bajos	3
Egipto	2

Inglaterra	1-1	Rep. Irlanda
Países Bajos	1-1	Egipto
Inglaterra	0-0	Países Bajos
Rep. Irlanda	0-0	Egipto
Inglaterra	1-0	Egipto
Países Bajos	1-1	Rep. Irlanda

Octavos de final

Camerún	2-1	Colombia
	tiempos extra	
Checoslovaquia	4-1	Costa Rica
Argentina	1-0	Brasil
Alemania Fed.	2-1	Países Bajos
Rep. Irlanda	0-0	Rumania
	5-4 *en penales*	
Italia	2-0	Uruguay
España	1-2	Yugoslavia
	tiempos extra	
Inglaterra	1-0	Bélgica
	tiempos extra	

Cuartos de final

Argentina	0-0	Yugoslavia
	3-2 *en penales*	
Italia	1-0	Rep. Irlanda
Alemania Fed.	1-0	Checoslovaquia
Camerún	2-3	Inglaterra
	tiempos extra	

Semifinales

Argentina	1-1	Italia
	4-3 *en penales*	
Alemania Fed.	1-1	Inglaterra
	4-3 *en penales*	

Tercer lugar

Italia	2-1	Inglaterra

Final

Alemania Fed.	1-0	Argentina
Brehme 85´		

La derrota de su Inglaterra ante Alemania Federal en semifinales llevó al goleador Gary Lineker a una resignada frase: “El futbol es un juego simple. 22 hombres persiguen el balón por noventa minutos y al final siempre ganan los alemanes”. Fatalismo contrastado con el triunfalismo de Franz Beckenbauer al ser campeón. Ante la inminente reunificación, aseguró que con los germanos orientales Alemania sería invencible por años. Lejos de eso, no volverían a coronarse hasta 2014.

El Muro de Berlín caía a un mes del sorteo de grupos, pero en el torneo todavía jugaron cuatro selecciones que, desde ese acontecimiento de 1989, tenían las horas contadas.

La Unión Soviética, que al cierre de 1991 se disolvía en quince países. Alemania Federal que, semanas más tarde de coronarse en Roma, se reunificaba con la Oriental. Checoslovaquia, que en 1993 se dividiría en dos. Y Yugoslavia, que se sumiría en el infierno bélico.

El líder yugoslavo, Josip Broz Tito, fallecido en 1980, solía exigir una selección balanceada para cohesionar a la nación: ocho serbios, cinco croatas, cuatro bosnios, dos eslovenos, dos montenegrinos y un macedonio.

Yugoslavia sería campeona mundial sub-20 en 1987. Con esa base confeccionó un diverso plantel para 1990: el capitán Vujović, croata; el goleador Pančev, macedonio; la figura, Stojković, serbio; el virtuoso, Sučić, bosnio; el combativo Katanec, esloveno; Dragoljub Brnović, montenegrino.

La guerra estallaría ocho meses después del Mundial en el que acariciaron semifinales. •

MÉXICO EN ITALIA 1990

El Tri experimentaría algo peor que no calificar: quedar fuera por tramposo. En 1988, mientras que la selección juvenil jugaba en Guatemala por un lugar en el Mundial Sub-20, el periodista Antonio Moreno publicó una revelación: al revisar las edades en el anuario de la propia FMF, notó que cuatro tricolores superaban el límite fijado en 19 años y 11 meses.

Ese equipo obtendría el boleto, aunque la tormenta comenzaba. Al inicio de ese año la FIFA alertó que reaccionaría implacable ante actas adulteradas. Los federativos objetaron que eran casos aislados y culparon a los jugadores, a lo que siguieron investigaciones mostrando que México manipulaba fechas de nacimiento sistemáticamente.

Se inconformó EE.UU., tercero en el clasificatorio, y se le adjudicó la plaza juvenil del Tri. Hasta ahí tendía a llegar el castigo, mas la FMF elevó su protesta a la FIFA. Tan mal salió esa apelación que la suspensión se amplió a la selección mayor.

Dos años inhabilitados con lo que se perdía el sitio ya ganado en los Olímpicos de Seúl 1988 y no se participaría en la eliminatoria para Italia 1990. ⚽

11
CBF
11
Rose Bowl

Campeón: BRASIL • Subcampeón: ITALIA • Tercer lugar: SUECIA

Crack: ROMÁRIO (BRA)
Campeón goleador: HRISTO STOITCHKOV (BGR) y OLEG SALENKO (RUS) 6 goles
Mejor portero: MICHEL PREUD'HOMME (BEL)

24 selecciones participantes • 52 partidos • promedio de 2.71 goles por partido

ESTADOS UNIDOS 1994

La primera final sin goles, también la primera dirimida en tanda de penales, coronó a Brasil por cuarta ocasión. Maradona se despedía convulsamente de las Copas del Mundo y emergían nuevas figuras: Romário, Baggio, Stoitchkov, Hagi, Bergkamp. Nunca un Mundial había sido organizado por un país tan poco futbolero y, pese a ello, trituró récords de asistencia a los estadios.

ROMÁRIO DE SOUZA FARIA

1966

Artista del balón, creador de lances inverosímiles, furioso al enfilar a portería, Romário logró en 1994 lo que numerosos astros brasileños no pudieron en casi un cuarto de siglo, nada menos que desde el adiós mundialista de Pelé: elevar a su selección a lo máximo.

Cual acto de predestinación, su papá lo bautizó con ese nombre al sonarle adecuado para una estrella del futbol. Bajito y compacto, pulió su técnica individual apegado al ritmo del carnaval que tanto amaba.

Italia 1990 no fue su torneo por una lesión. En las canchas estadounidenses, de la mano de otro que apenas jugó en el Mundial anterior, su gran socio Bebeto, tomaría revancha con un hilarante desempeño que devolvió la fe en el *jogo bonito verdeamarela*.

PRINCIPALES ESTADIOS	CAPACIDAD
Rose Bowl, Pasadena	*94 000*
Giants Stadium, East Rutherford	*75 000*
Foxboro Stadium, Boston	*54 000*

Mascota

La Warner Bros fue comisionada para diseñar la mascota mundialista y apostó por un animal, lo que no sucedía desde 1966. Un perro llamado Striker (goleador), inspirado en los personajes de las caricaturas estadounidenses. Su elección se justificó por lo comunes que son los perros como animales domésticos en la Unión Americana.

Cuando en marzo de 1993 se lesionó la rodilla Andrés Escobar, se comprometió a una rehabilitación perfecta para disputar el Mundial del siguiente año. Mientras se recuperaba podía ver la arrolladora eliminatoria de su selección, incluido el 5-0 a Argentina en Buenos Aires.

El defensor llegó tan pleno a EE.UU. 1994 que el AC Milan lo pretendía. El gran proyecto de Pacho Maturana dirigiendo a *cracks* como Valderrama, Asprilla, Rincón, Valencia, Álvarez, hacía de Colombia una potencia.

Sin embargo, abrió cayendo 3-1 con Rumania. Eso hizo vital el cotejo contra EE.UU., pero a horas del arranque el volante Gabriel Gómez recibió graves amenazas. Por ello no alineó y sus compañeros jugaron alterados. Al intentar cortar un servicio, Escobar metió autogol y Colombia perdió. La victoria sobre Suiza no evitó la eliminación.

Seis días después, de vuelta a casa, Andrés era asesinado en Medellín. Se especuló que el crimen organizado lo culpaba de arruinar apuestas millonarias, mas no se esclareció el motivo. •

Hasta inicios de los noventa, los aficionados estaban acostumbrados a leer en los uniformes, bajo la nuca, los apellidos de las estrellas en todos los deportes de conjunto menos el futbol. En Copas del Mundo eso cambió en EE.UU. 1994, lo que llevó a que muchos lo atribuyeran a una clara influencia estadounidense (finalmente, la tradición en beisbol, baloncesto, futbol americano, venía de varias décadas atrás, lo mismo que en la North American Soccer League en la etapa de Pelé, Cruyff y Beckenbauer).

El lanzamiento a nivel de selecciones se dio poco antes, en la Eurocopa 1992. Para 1993 la Premier League incorporaba esa práctica, a la que se sumarían las ligas de España e Italia en 1995, luego del *boom* que supuso el estreno mundialista de 1994: Romário con su 11, Stoitchkov con su 8, R. Baggio con el 10 (la R era necesaria para diferenciarlo de Dino Baggio que portaba el 13).

Los números se habían implementado en Brasil 1950, aunque por entonces se asignaban del 1 al 11 a quienes ese día alineaban. En Suiza 1954 ya resultaron fijos, el capitán alemán Fritz Walter alzaría la copa con su dorsal 16.

Los nombres en la casaca serían medulares en términos de mercadotecnia, difusión y venta de artículos oficiales. •

Himno FIFA

El protocolo adoptó dos nuevos elementos. Por un lado, los árbitros dejaron de vestir todos en negro y estrenaron casacas en rojo o amarillo (el autor Eduardo Galeano, escribiría: "Durante más de un siglo el árbitro se vistió de luto. ¿Por quién? Por él. Ahora disimula con colores"). Por otro, el músico alemán, Franz Lambert, compuso el himno de la FIFA para acompañar a los jugadores al saltar a cada partido; melodía alegre que se utilizaría hasta Brasil 2014, con la excepción del Mundial 2002 cuando se recurrió a una pieza de Vangelis.

Los sistemas defensivos de 1990 propiciaron que a partir de 1994 se concedieran tres puntos por victoria y que estar en línea con el rival ya no implicara fuera de lugar.

EE. UU. recibió la sede con la promesa de fundar una liga de *soccer*, lo que acontecería en 1996 con la MLS.

La Alemania reunificada se robustecía con el germano-oriental, Matthias Sammer, más los monarcas de 1990. Sin importar que Argentina calificó al límite (goleada 5-0 por Colombia, fue a repesca), emocionaba con el retorno de Maradona. Italia disponía del revolucionario Arrigo Sacchi como DT. En cuanto a Brasil, costaba creerle tras tantos fiascos.

La *verdeamarela* al fin colocaba juntos a Romário y Bebeto, además de que en la banca aguardaba el adolescente Ronaldo. Pese a todo su poderío, ganaría los partidos con lo justo. En cuartos de final vencía a Países Bajos 2-0 (Bebeto dedicó la "cunita" a su hijo recién nacido), hasta que los *oranje* despertaron y emparejaron. Entonces un cañonazo de Branco los lanzó a semifinales. Su próximo escollo era la Suecia a la que en fase inicial no pudieron derrotar. Un astuto gol de Romário abrió el cerrojo y Brasil se metió a su primera final desde Pelé.

Por la otra llave deambulaba Italia, que libró la fase de grupos como peor tercero. Cuando Nigeria la tenía abajo en octavos, brotó el genio de Roberto Baggio empatando en los últimos segundos y luego definiendo en tiempos extra. El mismo *Codino* anotaría el 2-1 para superar a España en cuartos, antes de que el defensa Tassotti reventara la nariz a Luis Enrique sin que el árbitro sancionara penal. Otros dos tantos de Baggio eliminaron a la sorpresiva Bulgaria de Stoitchkov en semifinales.

A diferencia de Brasil, que ya estaba en California, la *Azzurra* viajó más de seis horas desde Nueva York hasta Los Ángeles para la final. Recuperaba en tiempo récord a su capitán, Franco Baresi, quien se rompió los meniscos al comenzar este torneo. El partido avanzó con apenas aproximaciones, Romário y Bebeto muy aislados. En la prórroga se pensó que era el momento de Ronaldo, cuyo debut no llegó... y tampoco el gol. Como nunca se imaginó, el trofeo se lo quedaría quien atinara en los penales. Baresi y Baggio volaron sus disparos. Dunga levantaba el tetra, tributo al piloto brasileño Ayrton Senna, fallecido en carrera ese año. •

Estados Unidos 1994
TABLA DE GRUPOS Y RESULTADOS

Grupo A

Rumania	6
Suiza	4
EE.UU.	4
Colombia	3

EE.UU.	1-1	Suiza
Colombia	1-3	Rumania
Suiza	4-1	Rumania
EE.UU.	2-1	Colombia
Colombia	2-0	Suiza
Rumania	1-0	EE.UU.

Grupo B

Brasil	7
Suecia	5
Rusia	3
Camerún	1

Camerún	2-2	Suecia
Brasil	2-0	Rusia
Brasil	3-0	Camerún
Suecia	3-1	Rusia
Rusia	6-1	Camerún
Brasil	1-1	Suecia

Grupo C

Alemania	7
España	5
Corea del Sur	2
Bolivia	1

Alemania	1-0	Bolivia
España	2-2	Corea del Sur
Alemania	1-1	España
Corea del Sur	0-0	Bolivia
España	3-1	Bolivia
Alemania	3-2	Corea del Sur

Grupo D

Nigeria	6
Bulgaria	6
Argentina	6
Grecia	0

Argentina	4-0	Grecia
Nigeria	3-0	Bulgaria
Argentina	2-1	Nigeria
Bulgaria	4-0	Grecia
Bulgaria	2-0	Argentina
Nigeria	2-0	Grecia

Grupo E

México	4
Rep. Irlanda	4
Italia	4
Noruega	4

Italia	0-1	Rep. Irlanda
Noruega	1-0	México
México	2-1	Rep. Irlanda
Italia	1-0	Noruega
Italia	1-1	México
Rep. Irlanda	0-0	Noruega

Grupo F

Países Bajos	6
Arabia Saudí	6
Bélgica	6
Marruecos	0

Bélgica	1-0	Marruecos
Países Bajos	2-1	Arabia Saudí
Bélgica	1-0	Países Bajos
Arabia Saudí	2-1	Marruecos
Países Bajos	2-1	Marruecos
Arabia Saudí	1-0	Bélgica

Octavos de final

Alemania	3-2	Bélgica
España	3-0	Suiza
Suecia	3-1	Arabia Saudí
Rumania	3-2	Argentina
Países Bajos	2-0	Rep. Irlanda
Brasil	1-0	EE.UU.
Italia	2-1	Nigeria
	tiempos extra	
México	1-1	Bulgaria
	1-3 *en penales*	

Cuartos de final

Italia	2-1	España
Brasil	3-2	Países Bajos
Bulgaria	2-1	Alemania
Suecia	2-2	Rumania
	5-4 *en penales*	

Semifinales

Italia	2-1	Bulgaria
Brasil	1-0	Suecia

Tercer lugar

Suecia	4-0	Bulgaria

Final

Brasil	0-0	Italia
	3-2 *en penales*	
Marcio Santos ×		Baresi ×
Romário ✓		Albertini ✓
Branco ✓		Evani ✓
Dunga ✓		Massaro ×
		R. Baggio ×

"Me cortaron las piernas. Me cortaron las piernas a mí, a mi familia, a los que estaban al lado mío. Creo que me sacaron del futbol definitivamente porque no creo que quiera otra revancha, tengo los brazos caídos, el alma destrozada. Quiero que quede claro a los argentinos que no me drogué, que no corrí por la droga, corrí por el corazón y por la camiseta."

Diego Armando Maradona refiriéndose a su exclusión de EE.UU. 1994 tras el dopaje positivo en Boston.

Sucedió demasiado con Maradona entre los Mundiales de 1990 y 1994. En 1991 lo suspendían en Italia al detectarse cocaína en su prueba de dopaje y semanas más tarde lo arrestaban, en vivo por televisión, en Argentina. En 1992 concluía su castigo y reaparecía con el Sevilla, dirigido por Bilardo, con quien al cabo de unos meses se peleó. Regresaría a la liga argentina, ahora con Newell´s, aunque otra polémica limitó la aventura a cinco escasos partidos.

Sin club en enero de 1994, trabajó con un preparador físico personal. Para sorpresa general, recuperó una imponente forma y se presentó en el Mundial con una selección rejuvenecida por Batistuta, Redondo, Simeone.

Su golazo a Grecia desató sueños de gloria. Al siguiente duelo brilló en la victoria sobre Nigeria. Sólo pitar el árbitro, una voluntaria le indicó que le tocaba pasar por el antidóping. Risueño, salió de su mano del estadio. Días después estalló la noticia: análisis positivo. Sin que eso lo excusara, luego se supo de varias irregularidades en el proceso de laboratorio. Con tormenta terminaba la cuarta Copa del Diego. •

MÉXICO EN ESTADOS UNIDOS 1994

Tras el escándalo de los Cachirules, México fracasó en la Copa Oro 1991. César Luis Menotti asumió el timón y dotó al Tri de personalidad, aunque pronto se iría en otro caos directivo.

Su sustituto, Miguel Mejía Barón, llevó al equipo a la final de la Copa América 1993 y multiplicó las expectativas rumbo al Mundial con su agradable juego.

En el inicio frente a Noruega, alineó inesperadamente al *Cadáver* Valdez. Hacia el final, cuando México lucía mejor, anotaron los nórdicos. Todavía Zague remató al poste, pero se perdió 1-0.

El Tri renacería contra Irlanda en una jornada inolvidable de Luis García, autor de doblete con sendos disparos al borde del área. Ante Italia se tuvo el temperamento para levantarse del marcador adverso e igualar con golazo de Marcelino Bernal. México avanzaba como líder.

En octavos, Bulgaria se adelantó con golazo de Stoitchkov que García Aspe niveló. Bajo un calor extenuante, con un expulsado por bando, vinieron tiempos extra. Mejía Barón llamó al veterano Hugo Sánchez, mas desistió de meterlo y no realizó cambios hasta llegar los penales. Ahí el Tri colapsó.

Campeón: FRANCIA • Subcampeón: BRASIL • Tercer lugar: CROACIA

Crack: ZINEDINE ZIDANE (FRA)
Campeón goleador: DAVOR ŠUKER (CRO) 6 goles
Mejor portero: FABIEN BARTHEZ (FRA)

32 selecciones participantes • 64 partidos • promedio de 2.67 goles por partido

FRANCIA 1998

Francia se integró al muy exclusivo club de campeones del mundo al coronarse en su casa, el Stade de France de Saint-Denis. Con Zidane al frente, ese multicultural y diverso plantel logró lo que otras generaciones de cracks *galos no pudieron. La final mantendrá por siempre el enigma Ronaldo, alineado luego de que en la noche previa lo trasladaran al hospital por convulsiones.*

ZINEDINE ZIDANE

1972

Habituado a utilizar la cabeza más para pensar que para rematar, Zinedine Zidane definió su partido más trascendente, la final de Francia 1998, con dos testarazos que estremecieron las redes.

Futbol de máxima elegancia, su particular modo de gambetear e idear acciones ofensivas resaltaba desde la adolescencia. Hijo de padres argelinos que inmigraron a Marsella, *Zizou* estaba llamado a convertirse en uno de los mejores futbolistas de la historia. Este certamen silenció a sus críticos, renuentes a admitir que su juego estético y pausado, opuesto al frenetismo físico en boga, podía conducir a la gloria.

Seguiría levantando los trofeos más importantes (Eurocopa, Champions), inercia conservada después como entrenador.

PRINCIPALES ESTADIOS	CAPACIDAD
Stade de France, París	*80 000*
Stave Velodrome, Marsella	*60 000*
Stade de Gerland, Lyon	*44 000*

Mascota

El gallo es símbolo de Francia por la similitud de la palabra para llamar a este animal y la utilizada para referirse a este pueblo desde tiempos romanos: Galia, los galos. Por ese motivo, las encuestas se mostraron muy favorables a esa decisión.
Más disputada resultó la elección del nombre que quedó en Footix, jugando con foot (de futbol) y el cierre ix por la famosa historieta francesa Astérix el Galo.

El innovador sorteo de grupos en Marsella invitó a un futbolista por selección y realizó un Europa vs Resto del Mundo en el Stade Velodrome (victoria de los segundos con Ronaldo y Batistuta en el ataque). Conforme cada selección era sorteada, su futbolista se sentaba junto a sus futuros rivales. Por México acudió Marcelino Bernal.

Más allá de la puesta en escena, ese día aconteció algo de sustancial relevancia política: que Irán y EE. UU., países en conflicto, quedaron en el mismo sector.

Previo a su cotejo hubo angustia y no sólo por la amenaza terrorista de la red al-Qaeda, sino hasta por el protocolo, los dos equipos reacios a acercarse al sinodal para saludarlo. La FIFA estipuló que la foto de las dos selecciones fuera comunal, evitando la necesidad de que alguno se desplazara, al tiempo que proyectaba armonía. Los capitanes intercambiaron regalos y desde la Casa Blanca el presidente Bill Clinton pronunció un discurso: "Mientras celebramos el partido de hoy entre deportistas estadounidenses e iraníes, espero pueda ser otro paso para terminar la tensión entre nuestras naciones".

En lo futbolístico, Irán ganó 2-1, aunque las dos selecciones se atoraron en ronda preliminar. •

Entre los Mundiales de 1994 y 1998, Ronaldo rompió dos veces el récord de traspaso más caro de la historia. En 1996 al Barcelona, en 1997 al Inter. Apenas superaba los 20 años y ya había sido aclamado en dos ocasiones mejor futbolista del mundo, bienio en el que anotó más de cien goles.

El *Fenómeno* se fijó el objetivo de meter trece tantos para igualar la legendaria marca de Just Fontaine (1958) y dedicar uno a cada familiar desplazado a Francia. Llegó a la final lejos de la cifra, con cuatro, aunque realizando un buen torneo.

Entonces vino la enigmática noche del 11 de julio. Se sabe que el lateral Roberto Carlos lo descubrió convulsionándose y llamó a gritos al médico del equipo. En la Clínica Lilas le efectuaron numerosos análisis sin detectar nada. La selección arribó al estadio sin Ronaldo, temiendo por su salud, y no salió a calentar.

A las 19:48 corría cual reguero de pólvora la alineación publicada: el suplente Edmundo iniciaría al frente junto a Bebeto y Rivaldo. A las 20:18 se entregaba a los medios un 11 en el que ya figuraba Ronaldo. Su polémica inclusión en la final sería investigada por el Congreso brasileño. •

Inauguración

La noche previa al partido inaugural entre Brasil y Escocia sorprendió con un espectáculo sin precedentes. Cuatro robots de veinte metros recorrieron los puntos más icónicos de París: el río Sena, el Arco del Triunfo, la Concorde. Cada coloso representaba un continente de los que provenían las 32 selecciones participantes. Los gigantes se transformaron en futbolistas, en medio de bailes alusivos a sus respectivas regiones.

Esa innovación francesa al sacar la fiesta a las calles y lucir las bellezas de su capital en un desfile, fue semilla de lo acontecido 26 años más tarde en los Olímpicos de París.

Todos los reflectores apuntaban a Brasil. Ronaldo había explotado como mejor futbolista del mundo y conformaba con Romário la delirante delantera *Ro-Ro*. Aparte, Roberto Carlos y Cafú por las laterales o virtuosos como Denilson y Rivaldo.

Una semana antes del debut, Mario Zagallo, de regreso en ese banquillo veinte años después, daba de baja a Romário por lesión. El atacante clamaba en llanto que podía recuperarse para octavos y acusaba una conspiración, pero igual lo cortaron.

Argentina empezaba la era post Maradona con una gran selección en la que brillaban Ortega, Verón, Zanetti. En octavos se topó con Inglaterra, duelo que sacó chispas. El juvenil Michael Owen labró un gol de vértigo y David Beckham se hizo expulsar al embrollarse con Diego Simeone. En penales se impuso esa albiceleste, que en la siguiente ronda sucumbió con el trabuco de Países Bajos basado en el Ajax: Kluivert, Davids, Bergkamp, Seedorf, Overmars, los De Boer.

De vuelta con Brasil, padeció sobresaltos. Ganó a Dinamarca 3-2 en cuartos y recurrió a tanda de penales para superar a los ya mencionados neerlandeses en semifinales.

En cuanto a Francia, su mancha en la fase preliminar fue la tarjeta roja a Zidane por un pisotón en el pecho frente a Arabia Saudita. Eso lo inhabilitó para el pedregoso choque de octavos ante Paraguay en el que el portero Chilavert repelió todo, hasta llegar a tiempos extra y ser fusilado por Laurent Blanc, primera definición mundialista con modalidad de "gol de oro". Igualmente sufriría en cuartos con una Italia que se resistía a poner juntos a sus artistas Baggio y Del Piero. Los anfitriones avanzaron en penales. Ya en semifinales, Davor Šuker enmudeció a Saint-Denis al adelantar a Croacia, mas emergió Lilian Thuram para un doblete, muy oportunos los únicos goles que haría este defensa para la selección *bleu*.

A hora y media de tan soñada final, Ronaldo no figuraba en la alineación oficial. Se filtraban noticias de convulsiones, hospitales, sustos. ¿Qué le sucedió en el hotel? Misterio sin resolver.

Minutos más tarde, se le incluyó en el once inicial en lugar de Edmundo, aunque jugó con rostro ausente, muy lejos de su nivel. Dos cabezazos de Zidane encaminaron a los galos y Petit clavó el tercero a Brasil en una galopada. La Francia multicolor se estrenaba como campeona. •

Francia 1998

TABLA DE GRUPOS Y RESULTADOS

Grupo A

Brasil	6
Noruega	5
Marruecos	4
Escocia	1

Brasil	2-1	Escocia
Marruecos	2-2	Noruega
Escocia	1-1	Noruega
Brasil	3-0	Marruecos
Marruecos	3-0	Escocia
Brasil	1-2	Noruega

Grupo B

Italia	7
Chile	3
Austria	2
Camerún	2

Italia	2-2	Chile
Camerún	1-1	Austria
Chile	1-1	Austria
Italia	3-0	Camerún
Italia	2-1	Austria
Chile	1-1	Camerún

Grupo C

Francia	9
Dinamarca	4
Sudáfrica	2
Arabia Saudí	1

Dinamarca	1-0	Arabia Saudí
Francia	3-0	Sudáfrica
Sudáfrica	1-1	Dinamarca
Francia	4-0	Arabia Saudí
Francia	2-1	Dinamarca
Sudáfrica	2-2	Arabia Saudí

Grupo D

Nigeria	6
Paraguay	5
España	4
Bulgaria	1

Paraguay	0-0	Bulgaria
España	2-3	Nigeria
Nigeria	1-0	Bulgaria
España	0-0	Paraguay
Paraguay	3-1	Nigeria
España	6-1	Bulgaria

Grupo E

Países Bajos	5
México	5
Bélgica	3
Corea del Sur	1

México	3-1	Corea del Sur
Países Bajos	0-0	Bélgica
Bélgica	2-2	México
Países Bajos	5-0	Corea del Sur
Países Bajos	2-2	México
Bélgica	1-1	Corea del Sur

Grupo F

Alemania	7
Yugoslavia	7
Irán	3
EE.UU.	0

Yugoslavia	1-0	Irán
Alemania	2-0	EE.UU.
Alemania	2-2	Yugoslavia
Irán	2-1	EE.UU.
Alemania	2-0	Irán
Yugoslavia	1-0	EE.UU.

Grupo G

Rumania	7	
Inglaterra	6	
Colombia	3	
Túnez	1	

Inglaterra	2-0	Túnez
Rumania	1-0	Colombia
Colombia	1-0	Túnez
Rumania	2-1	Inglaterra
Inglaterra	2-0	Colombia
Rumania	1-1	Túnez

Grupo H

Argentina	9	
Croacia	6	
Jamaica	3	
Japón	0	

Argentina	1-0	Japón
Croacia	3-1	Jamaica
Croacia	1-0	Japón
Argentina	5-0	Jamaica
Argentina	1-0	Croacia
Jamaica	2-1	Japón

Octavos de final

Italia	1-0	Noruega
Brasil	4-1	Chile
Francia	1-0	Paraguay *(gol de oro)*
Dinamarca	4-1	Nigeria
Alemania	2-1	México
Países Bajos	2-1	Yugoslavia
Croacia	1-0	Rumania
Argentina	2-2	Inglaterra
	4-3	*en penales*

Cuartos de final

Francia	0-0	Italia
	4-3	*en penales*
Brasil	3-2	Dinamarca
Países Bajos	2-1	Argentina
Croacia	3-0	Alemania

Semifinales

Francia	2-1	Croacia
Brasil	1-1	Países Bajos
	4-2	*en penales*

Tercer lugar

Croacia	2-1	Países Bajos

Final

Francia	3-0	Brasil

Zidane 27´
Zidane 45 +1´
Petit 90 +3´

La copa de la vida de Ricky Martin fue la canción oficial. Un exitazo que llevó al artista puertorriqueño a cantarla en el Stade de France a minutos del inicio de la final. A cada Mundial vuelve a sonar el estribillo: "¡Tú y yo! Allez, allez, allez! Go, go, gol! Allez, allez, allez!".

El final de las guerras de independencia de Croacia coincidió con la clasificación de esta selección a su primer torneo, la Eurocopa 1996, en la que accedería a cuartos de final.

Una de las cinco porciones en las que se había dividido lo que fue Yugoslavia (ahora ya son siete), Croacia calificó al Mundial de 1998 imponiéndose a otro país de nueva formación, la exrepública soviética de Ucrania.

De la mano de los goles del *crack* del Real Madrid, Davor Šuker, con la experiencia de Robert Prosinečki, mundialista yugoslavo en 1990, con estrellas como Boban o Jarni, los croatas constituyeron la revelación al colarse a semifinales.

A cada aparición era común ver lágrimas en sus jugadores, recordando los dolores y muertes del muy reciente conflicto bélico, además de que decidieron hablar ante los medios sólo en su idioma, quizá reafirmando su identidad nacional.

No olvidemos que en Uruguay 1930 los croatas se negaron a compartir equipo con los serbios, algo que cambió tanto que para Italia 1990 ya representaban mayoría en la selección yugoslava. •

MÉXICO EN FRANCIA 1998

Dos generaciones se encontraron en un proceso que abrió Bora Milutinović (consiguió el pase al Mundial) y culminó Manuel Lapuente.

A los experimentados García Aspe, Claudio, Ramón Ramírez, Campos, Luis García, Bernal, se añadía la camada olímpica en Atlanta 1996 de Cuauhtémoc, Pável, Duilio, Palencia, Arellano, Braulio, Villa.

En Francia se sublimaría como ritual esa masa verde cantando *Cielito Lindo* y gritando "sí se puede", a lo que el Tri respondió con agallas. De entrada revirtió el gol inicial de Corea del Sur para ganar 3-1 con dos de Luis Hernández y otro de Ricardo Peláez. Contra Bélgica otra vez vino de atrás convirtiendo un 2-0 adverso en 2-2, con penal de Aspe y golazo de Cuauhtémoc. Circunstancia repetida frente a Países Bajos, 2-0 que tenía al Tri nocaut, hasta la agónica reacción con tantos de Peláez y Luis.

El rival en octavos era Alemania. México tuvo la ventaja por primera ocasión en el torneo e incluso dispuso de oportunidades clarísimas para incrementar. A falta de pocos minutos, dos errores defensivos resucitaron a una *Mannschaft* derrotada. 1-2, despedida por demás tormentosa. ⚽

Campeón: BRASIL • Subcampeón: ALEMANIA • Tercer lugar: TURQUÍA

Crack: RONALDO (BRA)
Campeón goleador: RONALDO (BRA) 8 goles
Mejor portero: OLIVER KAHN (GER)

32 selecciones participantes • 64 partidos: • promedio de 2.52 goles por partido

COREA-JAPÓN 2002

En el primer Mundial compartido por dos países se dio el primer choque en Copas del Mundo entre las dos mayores potencias del futbol, Brasil y Alemania. La verdeamarela *ganó gracias a un Ronaldo que volvió a sonreír tras largas ausencias por lesiones y recaídas. En la final aprovechó un fallo del otro gran futbolista del torneo, el portero germano Oliver Kahn, para anotar.*

RONALDO NAZÁRIO DE LIMA

1976

La carrera de Ronaldo se relata a través de sus tres finales mundialistas. Como promesa en 1994, con 17 años no lo utilizaron ni ante la ineficacia brasileña para meter gol en tiempos extra. Como máxima figura en 1998, a la oscuridad de ese día, en el que no debió jugar, siguió un cuatrienio maldito de lesión en lesión con el Inter. Como incógnita en 2002, resurrección cuando ya pocos creían en su capacidad para reinar.

Claudicar no era opción para quien en la infancia desechó la oferta del club de sus amores, el Flamengo, por no poder pagar el pasaje a los entrenamientos. En Japón, cual fulgurante sol naciente, retomaría la cima el apodado *Fenómeno*. Imponente, impecable definidor, voraz, su tercera fue la vencida.

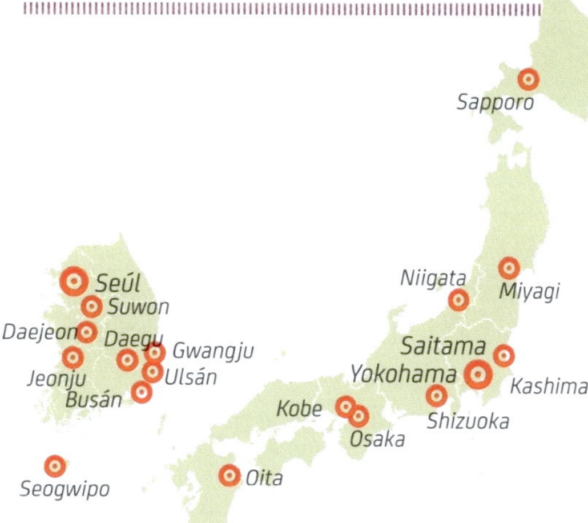

PRINCIPALES ESTADIOS	CAPACIDAD
E. Internacional, Yokohama	*70 000*
Seoul World Cup Stadium, Seúl	*65 000*
E. Saitama 2002, Saitama	*63 000*

Mascota

El Mundial que rompió paradigmas dividiéndose en dos países también lo hizo asignando a tres mascotas. Nik, Ato y Kaz remitían a criaturas del manga nipón. Según la narrativa, los denominados Spheriks practicaban Atmoball en su universo, el Atmozone. Ato es el entrenador, Nik y Kaz los jugadores, el primero coreano, el segundo japonés (se especula que su nombre deriva de la leyenda Kazuyoshi Miura).

La calificación automática de Japón y Corea del Sur abría la eliminatoria asiática. Dos lugares y medio disponibles de los que los favoritos, Arabia Saudita e Irán, sólo aspiraban a disputar uno por estar encuadrados en el Grupo A de la ronda final. La sorpresa se desataría en el B.

A inicios del año 2000, la selección de China contrató al serbio Bora Milutinović quien acumulaba cuatro Mundiales al hilo con selecciones distintas, todas al menos en octavos de final (México, Costa Rica, EE.UU., Nigeria). En su primera prueba, la Copa Asiática, llevó a semifinales al *Lóng duì* o Equipo Dragón. Eso le dio vuelo para una eliminatoria inmaculada en la que logró el boleto sobrándole dos partidos. Bora se convirtió en personaje de culto en China, tierra que al fin enlazaba su ancestral juego del *Tsu-Chu* (traducible como patear-pelota) con el futbol moderno.

Sin embargo, la inexperiencia pesó a los chinos que perdieron sus tres cotejos sin siquiera anotar. La hazaña de Bora sería superada por el brasileño Carlos Alberto Parreira con seis Mundiales (Kuwait 1982, Emiratos 1990, Brasil 1994 y 2006, Saudiarabia 1998, Sudáfrica 2010). •

La Copa del Mundo 2002 elevó hasta 20 la cantidad de estadios en una edición (10 en Japón, 10 en Corea del Sur) para duplicar la cifra de Francia 1998. Una marca que ni siquiera será alcanzada en 2026 ya con 48 participantes y en tres países.

Pese a ello, Tokio se convirtió en la segunda capital política de una nación sede en no albergar cotejos —el único precedente, Bonn, en la entonces Alemania Occidental, en 1974. Sin embargo, sí fueron consideradas dos localidades adheridas a la masa urbana tokiota: Saitama al norte, con una semifinal, y el puerto de Yokohama al sur, con la final.

La mitad de los grupos se disputaron en la península coreana y la otra mitad en las tres mayores islas del archipiélago nipón.

En EE.UU. 1994, el ya demolido Pontiac Silverdome de Detroit había sido el pionero con partidos bajo techo, tendencia que en 2002 continuaron dos futuristas inmuebles: el Sapporo Dome, donde iniciaría el andar goleador de Miroslav Klose con su triplete a Arabia Saudita (en 2014 impondría récord con 16), y el Gran Ojo de Oita, cuya estructura retractable atestiguó el golazo de cabeza de Jared Borgetti a Italia. •

Del Tango al Fevernova

En México 1970 se había lanzado el balón Telstar retomando la invención del danés Eigil Nielsen de una esfera conformada por 32 páneles (20 hexágonos blancos y 12 pentágonos negros). Fue reemplazado en Argentina 1978 por el Tango que innovaba con doce círculos más grandes. Esa base la mantuvieron el Azteca en 1986, el Etrusco en 1990, el Questra en 1994 y el Tricolore en 1998.

Siglo nuevo, pelota nueva, para 2002 el Fevernova desechó ese patrón. Sus triángulos de fuego se inspiraban tanto en el tomoe de la cultura japonesa como en el arma ninja shuriken.

¿Quién podría superar a Francia? Después de la coronación de cuatro años antes, ganó la Euro 2000 y veía madurar a talentos juveniles del Mundial 1998 como Henry, Trezeguet y Vieira. Además, Zinedine Zidane estaba en su pináculo, recién marcado su golazo en plena final de Champions League. Trabuco ofensivo que se iría del Lejano Oriente sin anotar. Abrió contra Senegal, con *Zizou* lesionado, y experimentó una derrota muy sorpresiva. La crisis agravó empatando con Uruguay y se sentenció cayendo con Dinamarca. El rey se marchaba casi sin haber llegado. Si se planteaba alguna alternativa al favoritismo de Francia era Argentina que volaba bajo la guía de Marcelo Bielsa. No obstante, también se desplomó en fase preliminar, incluida la venganza del inglés Beckham al anotarle en Sapporo, otro arsenal de pólvora mojada.

Brasil, que acudía muy criticado, fue avanzando. Se sostenía en la pegada de sus tres *cracks* (Ronaldo, Rivaldo, Ronaldinho), rezando por la salud del frágil Fenómeno. En cuartos de final sufrió con una buena Inglaterra, hasta que Ronaldinho resolvió de tiro libre. Para semifinales Ronaldo hizo el gol ganador a Turquía.

Del otro lado del cuadro, Alemania se limitaba a lo necesario. Atajadas del increíble Oliver Kahn, omnipresencia de Michael Ballack y maestría para vencer 1-0, marcador que repitió con todos sus sinodales en ronda nocaut: Paraguay, EE.UU., Corea del Sur.

Lo de los coreanos merece mención aparte. Arbitrajes rayando en lo escandaloso les permitieron echar a Italia en octavos (los *azzurri* con un tanto legal anulado y expulsión de Totti) y a España en cuartos (dos goles legítimos no concedidos a los ibéricos).

Tuvo que ser en una final cuando Alemania y Brasil se enfrentaran por primera vez en Mundiales. Ronaldo mostraba un extraño corte de cabello con el que buscaba exorcizar los demonios y misterios de 1998. La suspensión de Ballack afectó a la *Mannschaft* que como pudo fue resistiendo.

En el complemento, Kahn cometió un fallo impropio de su jerarquía. Escupió al centro un remate de Rivaldo y Ronaldo capitalizó. El mismo Fenómeno marcó el segundo para consumar el pentacampeonato brasileño. Cafú levantaba la copa en un nuevo ritual, ya no subiendo al palco de honor a recibirla, sino en un pedestal colocado a mitad de cancha. •

Corea - Japón 2002

TABLA DE GRUPOS Y RESULTADOS

Grupo A

Dinamarca	7
Senegal	5
Uruguay	2
Francia	1

Francia	0-1	Senegal
Dinamarca	2-1	Uruguay
Dinamarca	1-1	Senegal
Francia	0-0	Uruguay
Dinamarca	2-0	Francia
Senegal	3-3	Uruguay

Grupo B

España	9
Paraguay	4
Sudáfrica	4
Eslovenia	0

Paraguay	2-2	Sudáfrica
España	3-1	Eslovenia
España	3-1	Paraguay
Sudáfrica	1-0	Eslovenia
España	3-2	Sudáfrica
Paraguay	3-1	Eslovenia

Grupo C

Brasil	9
Turquía	4
Costa Rica	4
China	0

Brasil	2-1	Turquía
Costa Rica	2-0	China
Brasil	4-0	China
Costa Rica	1-1	Turquía
Brasil	5-2	Costa Rica
Turquía	3-0	China

Grupo D

Corea del Sur	7
EE.UU.	4
Portugal	3
Polonia	3

Corea del Sur	2-0	Polonia
EE.UU.	3-2	Portugal
Corea del Sur	1-1	EE.UU.
Portugal	4-0	Polonia
Corea del Sur	1-0	Portugal
Polonia	3-1	EE.UU.

Grupo E

Alemania	7
Rep. Irlanda	5
Camerún	4
Arabia Saudí	0

Rep. Irlanda	1-1	Camerún
Alemania	8-0	Arabia Saudí
Alemania	1-1	Rep. Irlanda
Camerún	1-0	Arabia Saudí
Alemania	2-0	Camerún
Rep. Irlanda	3-0	Arabia Saudí

Grupo F

Suecia	5
Inglaterra	5
Argentina	4
Nigeria	1

Argentina	1-0	Nigeria
Inglaterra	1-1	Suecia
Suecia	2-1	Nigeria
Argentina	0-1	Inglaterra
Suecia	1-1	Argentina
Nigeria	0-0	Inglaterra

Grupo G

México	7	
Italia	4	
Croacia	3	
Ecuador	3	

México	1-0	Croacia
Italia	2-0	Ecuador
Croacia	2-1	Italia
México	2-1	Ecuador
México	1-1	Italia
Ecuador	1-0	Croacia

Grupo H

Japón	7	
Bélgica	5	
Rusia	3	
Túnez	1	

Japón	2-2	Bélgica
Rusia	2-0	Túnez
Japón	1-0	Rusia
Túnez	1-1	Bélgica
Japón	2-0	Túnez
Bélgica	3-2	Rusia

Octavos de final

Alemania	1-0	Paraguay
Inglaterra	3-0	Dinamarca
Senegal	2-1	Suecia *(gol de oro)*
España	1-1	Rep. Irlanda
	3-2	*en penales*
EE.UU.	2-0	México
Brasil	2-0	Bélgica
Turquía	1-0	Japón
Corea del Sur	2-1	Italia *(gol de oro)*

Cuartos de final

Brasil	2-1	Inglaterra
Alemania	1-0	EE.UU.
España	0-0	Corea del Sur
	3-5	*en penales*
Senegal	0-1	Turquía *(gol de oro)*

Semifinales

Alemania	1-0	Corea del Sur
Brasil	1-0	Turquía

Tercer lugar

Turquía	3-2	Corea del Sur

Final

Brasil	2-0	Alemania

Ronaldo 67´
Ronaldo 79´

> "Todos hablaban de mis lesiones. Estaba harto, fastidiado. Por eso me corté el cabello así. Pedí a mis compañeros su opinión y cuando me dijeron que estaba horrible, pensé que funcionaría. De inmediato, la prensa se olvidó de mis lesiones. Ya sólo hablaban de mi pelo. Me podía relajar."
>
> Ronaldo sobre su look en la final.

ARBITRAJES LOCALISTAS

La de 2002 sería la sede mundialista más peleada luego de que la FIFA girara hacia Asia. Japón arrancaba como preferido del presidente del organismo, João Havelange. Corea del Sur creció con el respaldo del opositor de Havelange, Lennart Johansson, titular de la UEFA. Ahí comenzó la feroz pugna, el derroche por acaparar votos, las acusaciones. Si la invasión japonesa de la península coreana de 1910 a 1945, si la diplomacia entre ellos sólo relanzada en 1965, si la rivalidad ahora tecnológica y deportiva. Sin entender la tensa relación entre estos vecinos, la FIFA decidió que compartieran el certamen y hubo conflicto hasta para el orden de sus nombres en los suvenires.

Para colmo, a un año de la apertura, Japón publicó libros escolares que no enfatizaban las tropelías de su ejército durante la ocupación y miles de coreanos exigían la cancelación del Mundial. El emperador Akihito amagaba con no asistir a la inauguración en Seúl.

Con dos Comités Organizadores poco coordinados, cada cual realizó su propio evento, aunque terminó funcionando. Cierta cercanía despertó entre estos pueblos. •

MÉXICO EN COREA-JAPÓN 2002

El ciclo que empezó con la conquista en la Copa Confederaciones 1999 (4-3 sobre Brasil en el Azteca) resultaría movido. El seleccionador Manuel Lapuente caería al igual que su sucesor, Enrique Meza. El timón del Tri recalaba en Javier Aguirre de 42 años. Sin mínimo margen de error, México hilvanó cuatro triunfos y un empate para clasificar de la mano de Cuauhtémoc Blanco y Rafa Márquez.

Ya en el Mundial, un penal del Cuauh contra Croacia significó la victoria. El panorama se complicó ante Ecuador que sacó ventaja tempranera, pero se remontó por medio de Jared Borgetti y Gerardo Torrado. Seis puntos que paradójicamente no garantizaban todavía un sitio en octavos. Se cerraría con una Italia que se jugaba la vida. Jared anotó a Buffon uno de los mejores cabezazos de la historia y el 1-1 de Del Piero no quitó el liderato al Tri.

Tocaba viajar a Jeonju, Corea, frente a un EE.UU. que avanzó con problemas. Actuación desastrosa en la que el rival regional se impuso 2-0 y sepultó el sueño tricolor del quinto partido, quizá la derrota más traumática de México en Mundiales.

ITALIA
5

Campeón: ITALIA • Subcampeón: FRANCIA • Tercer lugar: ALEMANIA

Crack: FABIO CANNAVARO (ITA)
Campeón goleador: MIROSLAV KLOSE (GER) 5 goles
Mejor portero: GIANLUIGI BUFFON (ITA)

32 selecciones participantes • 64 partidos • promedio de 2.30 goles por partido

ALEMANIA 2006

La Italia de Buffon, Cannavaro, Pirlo, Totti, se convirtió en tetracampeona tras vencer en penales a Francia. Zidane pasó de acariciar el adiós más maravilloso de cualquier crack*, ¡retirarse recibiendo la copa FIFA!, a la más abrupta despedida: expulsado en tiempos extra por un cabezazo. Alemania aprovechó la localía para estrenar un proyecto que cambió la cara de su futbol.*

FABIO CANNAVARO

1973

El círculo más total, de Nápoles a Berlín, en dieciséis años. En el Mundial de 1990 a Fabio le tocó ser recogebolas detrás de la portería en la que Argentina igualó la semifinal contra la anfitriona Italia para después eliminarla en tanda de penales.

Desde esa triste noche mantendría en la mente la obstinación de algún día él mismo dar a la *Azzurra* el título mundialista.

Central sobrio, preciso, intuitivo, de los que ordenan con voz y ejemplo. Primero se forjó en el rigor de las calles napolitanas y luego como juvenil marcando en los entrenamientos a Maradona. Con bravura comandó a Inter, Juventus y Real Madrid. Su brillante actuación en 2006 le valió el Balón de Oro, último defensa con el galardón.

PRINCIPALES ESTADIOS	CAPACIDAD
Olympiastadion, Berlín	*74 000*
Fifa WM Arena München, Múnich	*70 000*
Westfalenstadion, Dórtmund	*68 000*

Mascota

La afición alemana no daba crédito a la elección de un león como mascota mundialista. Un animal presente en la cultura germana, mas logotipo de las dos selecciones de mayor rivalidad con la Mannschaft, Inglaterra y Países Bajos. Se le llamó Goleo y se le hizo acompañar por la pelota Pille (traducible como pastilla), que es como se conoce coloquialmente al balón en los partiditos callejeros en este país.

Dos promisorios juveniles irrumpieron en este Mundial. Con la selección argentina, Lionel Messi, quien cumpliría 19 años durante el torneo. Con la portuguesa, Cristiano Ronaldo, de 21.

Cristiano, con el número 17 al portar el 7 el capitán Luis Figo, ya estelar antes en el equipo finalista en la Eurocopa 2004 y destacando desde 2003 en el Manchester United. Con desparpajo y un endiablado desequilibrio, fue básico en la mejor participación lusa desde 1966, acertando el penal que puso a Portugal en semifinales. En 2006 comenzó su récord de cinco Copas del Mundo anotando.

Messi, con el dorsal 19 al pertenecer el 10 a Juan Román Riquelme, tuvo pocos minutos, pero su gol a Serbia lo convirtió en el albiceleste de menor edad en anotar en un Mundial. El 24 de junio, justo en su cumpleaños, relevó a Javier Saviola en el compromiso ante México y encontró las redes en tiempo de compensación, aunque el árbitro ya había frenado el juego por un controvertido fuera de lugar de Riquelme. En cuartos, frente a Alemania, el técnico José Pekerman sería criticado por no utilizar en la prórroga a su joya adolescente. •

La edición especial del balón Teamgeist para la final, en dorado, parecía idónea para que Zinedine Zidane se retirara en la cúspide. Lo mismo, el prematuro penal sancionado por faul de Materazzi sobre Malouda, que *Zizou* anotó con la suerte de que botó dentro tras pegar en el travesaño. Pronto igualó Materazzi llevando al juego a un trance de escasas ocasiones y máxima precaución.

Buffon atajó a Zidane la más clara en una cerrada prórroga que pintaba como mero trámite hacia los penales. Al minuto 108, al otro costado de la acción, Materazzi se desplomó. Cannavaro y Buffon protestaron al silbante argentino, Horacio Elizondo, quien consultó a sus abanderados sin obtener mayores datos. Zinedine fingía normalidad. En medio del caos, la pantalla del estadio emitía su cabezazo al pecho del rival. El cuarto oficial, Medina Cantalejo, reportó la agresión, nunca se sabrá si la observó en vivo o repetida en pantalla. Los franceses acusarían que se expulsó a *Zizou* ilegalmente, dado que faltaban 12 años para que se instaurara el videoarbitraje. Lo que nadie duda es que Materazzi tiró el anzuelo de la provocación y Zidane se equivocó. •

El eslogan

Los alemanes posicionaron un eslogan diferente en los principales idiomas y no tradujeron de forma literal el mismo. Para el público local fue Die Welt zu Gast bei Freunden, El mundo visita a sus amigos. En español, El mundo entre amigos. En inglés quedó como A time to make friends, Un tiempo para hacer amigos. Y en francés como Le rendez-vous de l'amitié, La cita de la amistad.

Apenas quince años después de la reunificación y con el Muro de Berlín en minúsculos restos retratados cual reliquias, el Mundial sirvió al pueblo alemán para proyectarse diverso, tolerante, hospitalario y festivo.

A pocas semanas de arrancar Alemania 2006, Zinedine Zidane anunciaba su retiro al concluir el Mundial, pese a aún no haber celebrado los 34 años y estar en absoluta plenitud.

Adiós que lució gris en las primeras dos apariciones de Francia, saldadas con empates frente a Suiza y Corea del Sur. Para colmo, Zidane no era elegible para el choque contra Togo, de obligada victoria gala. Francia ganó sin su capitán y se desató un debate sobre si relegarlo a la banca. Entonces brotaron los recitales de *Zizou* para eliminar, en ese orden, a España, Brasil y Portugal. Director de orquesta y mago, se despediría jugando otra final de Mundial.

El desastre en la Eurocopa previa orilló a Alemania a una profunda transformación en estructuras y desarrollo de talentos cuyos primeros efectos se vieron en este certamen. Hubo tensión cuando el seleccionador, Jürgen Klinsmann, determinó que Jens Lehmann (y no Oliver Kahn) ocupara la portería. Sin embargo, llegado el Mundial millones gritaron cada gol en festivales callejeros. Ballack era la estrella, aunque a su lado crecían dos delanteros nacidos en Polonia, Klose y Podolski. Tras superar a Argentina en penales en cuartos, Italia los echaría en una semifinal de trepidante prórroga.

Esa Italia que brincaba rondas sin alinear juntos a Francesco Totti y Alessandro del Piero. Sufriendo con Australia en octavos, más contundente contra la debutante Ucrania en cuartos, en tiempos extra ante los teutones en semifinales para entristecer a la afición sede.

El otro gran candidato, Brasil, iba sobrado de artillería con Kaká, Ronaldinho, Adriano y Ronaldo, pero no pudo trascender en el regreso de Parreira a su banquillo. Como consuelo, Ronaldo tomó la cima como goleador histórico de los Mundiales al alcanzar los 15.

La final entre Francia e Italia ofreció goles de inmediato. Zidane anotó a lo Panenka un penal por infracción de Materazzi y el propio Materazzi emparejó por alto. Dos apellidos que serían medulares ya en el segundo tiempo extra: el defensa italiano provocó a Zinedine y éste reaccionó propinándole un cabezazo en el pecho. Expulsado a falta de poco para la tanda de penales en la que la *Azzurra* se coronó.

Zizou colgó las botas llorando en el vestuario y reacio a subir a la premiación en la que Cannavaro apresaba la copa. •

Alemania 2006

TABLA DE GRUPOS Y RESULTADOS

Grupo A

Alemania	9
Ecuador	6
Polonia	3
Costa Rica	0

Alemania	4-2	Costa Rica
Ecuador	2-0	Polonia
Alemania	1-0	Polonia
Ecuador	3-0	Costa Rica
Alemania	3-0	Ecuador
Polonia	2-1	Costa Rica

Grupo B

Inglaterra	7
Suecia	5
Paraguay	3
Trinidad y Tobago	1

Inglaterra	1-0	Paraguay
Trinidad y Tobago	0-0	Suecia
Inglaterra	2-0	Trinidad y Tobago
Suecia	1-0	Paraguay
Suecia	2-2	Inglaterra
Paraguay	2-0	Trinidad y Tobago

Grupo C

Argentina	7
Países Bajos	7
Costa de Marfil	3
Serbia y Montenegro	0

Argentina	2-1	Costa de Marfil
Países Bajos	1-0	Serbia y Montenegro
Argentina	6-0	Serbia y Montenegro
Países Bajos	2-1	Costa de Marfil
Países Bajos	0-0	Argentina
Costa de Marfil	3-2	Serbia y Montenegro

Grupo D

Portugal	9
México	4
Angola	2
Irán	1

México	3-1	Irán
Portugal	1-0	Angola
México	0-0	Angola
Portugal	2-0	Irán
Portugal	2-1	México
Irán	1-1	Angola

Grupo E

Italia	7
Ghana	6
Rep. Checa	3
EE.UU.	1

Rep. Checa	3-0	EE.UU.
Italia	2-0	Ghana
Ghana	2-0	Rep. Checa
Italia	1-1	EE.UU.
Italia	2-0	Rep. Checa
Ghana	2-1	EE.UU.

Grupo F

Brasil	9
Australia	4
Croacia	2
Japón	1

Australia	3-1	Japón
Brasil	1-0	Croacia
Japón	0-0	Croacia
Brasil	2-0	Australia
Brasil	4-1	Japón
Croacia	2-2	Australia

Grupo G

Suiza	7	
Francia	5	
Corea del Sur	4	
Togo	0	

Corea del Sur	2-1	Togo
Francia	0-0	Suiza
Francia	1-1	Corea del Sur
Suiza	2-0	Togo
Francia	2-0	Togo
Suiza	2-0	Corea del Sur

Grupo H

España	9	
Ucrania	6	
Túnez	1	
Arabia Saudí	1	

España	4-0	Ucrania
Túnez	2-2	Arabia Saudí
Ucrania	4-0	Arabia Saudí
España	3-1	Túnez
España	1-0	Arabia Saudí
Ucrania	1-0	Túnez

Octavos de final

Alemania	2-0	Suecia
Argentina	2-1	México
	tiempos extra	
Inglaterra	1-0	Ecuador
Portugal	1-0	Países Bajos
Italia	1-0	Australia
Ucrania	0-0	Suiza
	3-0	*en penales*
Brasil	3-0	Ghana
Francia	3-1	España

Cuartos de final

Alemania	1-1	Argentina
	4-2	*en penales*
Italia	3-0	Ucrania
Portugal	0-0	Inglaterra
	3-1	*en penales*
Francia	1-0	Brasil

Semifinales

Italia	2-0	Alemania
	en tiempos extra	
Francia	1-0	Portugal

Tercer lugar

Alemania	3-1	Portugal

Final

Italia	1-1	Francia
Materazzi 19´		Zidane 7´
	5-3	*en penales*
Pirlo ✓		Wiltord ✓
Materazzi ✓		Trezeguet ×
De Rossi ✓		Abidal ✓
Del Piero ✓		Sagnol ✓
Grosso ✓		

La llamada Maledizione Azzurra dei rigori, maldición italiana en penales, acabó en Berlín. Así perdieron la semifinal en 1990, el título en 1994 y los cuartos en 1998. El gol de Fabio Grosso cambió la historia.

Había cuentas pendientes desde dos años antes, cuando Portugal y Países Bajos disputaron la ríspida semifinal de la Eurocopa 2004, con triunfo lusitano. Así que al reencontrarse en los octavos de Alemania 2006 no tardaron en saltar chispas.

Se le llamó La batalla de Núremberg y ostenta el récord de más tarjetas en cotejos de Mundiales: cuatro rojas y dieciséis amarillas. Ante la incapacidad para controlarlos del árbitro ruso, Valentín Ivanov, los jugadores se dedicaron a patearse. Cristiano Ronaldo salió lesionado en el primer tiempo y acusó al neerlandés Boulahrouz de lastimarlo a propósito, futbolista que, no conforme, después asestó un codazo a Figo.

En cierto punto de la irrefrenable gresca, dos rivales expulsados, Deco y van Bronckhorst, charlaban sentados a unos metros de sus compañeros empujándose.

Portugal ganó con anotación de Maniche, por mucho que van Persie intentó igualar para los *oranje*. Países Bajos volvería en Qatar 2022 para elevar junto con Argentina la marca de amarillas, pero no la de tarjetas totales que conserva La batalla de Núremberg. •

MÉXICO EN ALEMANIA 2006

Al fin un ciclo estable. Ricardo La Volpe dirigió al Tri por cuatro años, calificando sin complicación, aunque con el pico de rendimiento un año antes del Mundial.

Sucedió en la Copa Confederaciones 2005 imponiéndose a un Brasil plagado de estrellas, llevando a Argentina hasta penales en la semifinal y al local Alemania a prórroga en el duelo por el tercer lugar. Eso contribuyó a que México fuera cabeza de serie en el sorteo de un torneo al que La Volpe decidió no convocar a Cuauhtémoc Blanco, medida que lo perseguiría. Abrió derrotando a Irán con doblete de Omar Bravo y otro tanto de Sinha. El posterior empate a cero con Angola forzaba a vencer a Portugal, en el cierre de fase preliminar, para ser primeros de grupo. El Tricolor cayó 2-1 con unos lusos que descansaron a algunas figuras.

Eso nos mandó a Leipzig en octavos, ante Argentina, con sorpresiva alineación del joven Andrés Guardado quien brindaría un juegazo. Rafa Márquez adelantó a México, mas Crespo equilibró. Vinieron tiempos extra y Maxi Rodríguez clavó un gol antológico. Así se marchó la selección mexicana de Alemania. ⚽

8
6

Campeón: ESPAÑA • Subcampeón: PAÍSES BAJOS • Tercer lugar: ALEMANIA

Crack: XAVI Y ANDRÉS INIESTA (ESP)
Campeón goleador: DIEGO FORLÁN (URU), WESLEY SNEIJDER (NLD), DAVID VILLA (ESP), THOMAS MÜLLER (GER) 5 GOLES
Mejor portero: IKER CASILLAS (ESP)

32 selecciones participantes • 64 partidos: • promedio de 3 goles por partido

SUDÁFRICA 2010

La Copa del Mundo llegó al fin a África y dio ingreso a su muy distinguido círculo de selecciones campeonas a España, la octava en alzar este trofeo. Con su tikitaka, juego dinámico de abrasadores pases cortos, con una abrumadora base del club Barcelona, los ibéricos vencieron al eterno aspirante, Países Bajos, que perdió al límite, tal como en sus dos finales anteriores.

INIESTA Y XAVI

1980 y 1984

Nacidos con cuatro años de distancia, primero Xavi en una localidad catalana, luego Andrés en una manchega, se encontraron en la cantera del Barça y desafiaron aquella noción de que no cabían en una misma alineación, de que no podían jugar juntos.

Compartiendo estaturas en torno a 1.70 metros, demostraron que el cuerpo es secundario cuando existe talento, técnica, cabeza, visión. Su alianza daría a España dos Eurocopas y un Mundial, además de que celebrarían todo vestidos de blaugranas. Idéntica compenetración, sólo intercambiaban números: en el Barça Hernández de 6 e Iniesta de 8, con España Xavi de 8 y Andrés de 6.

El gol de Iniesta a cuatro minutos de concluir la final de Sudáfrica 2010 adquiriría carácter mítico.

PRINCIPALES ESTADIOS	CAPACIDAD
Soccer City, Johannesburgo	*90 000*
Green Point Stadium, Ciudad del Cabo	*64 000*
Moses Mabhida Stadium, Durban	*62 000*

Mascota

La diversa fauna sudafricana abría amplias opciones para el Mundial 2010. Algunos pensaron en el Springbok, antílope que es mascota del equipo nacional de rugby. No obstante, el diseño elegido recurrió a un leopardo. Se le llamó Zakumi al juntar las letras ZA (abreviatura de Sudáfrica) con Kumi (diez en numerosos idiomas africanos, como suajili). Se fijó su nacimiento en 1994, cuando terminó el apartheid y surgió la democracia sudafricana.

Los *Bafana-Bafana*, como cariñosamente se conoce a la selección sudafricana ("muchachos-muchachos", repetición de palabra habitual en expresiones en idioma zulú), fueron los primeros anfitriones atorados en la etapa preliminar.

Un año antes, en la Copa Confederaciones 2009, se desató el furor por el cuadro local luego de que llevara a España a tiempos extra disputando el tercer lugar. Entonces, como en 1995 cuando Sudáfrica se erigió en casa monarca mundial de rugby, se rescató el ancestral canto de Shosholoza. Una vieja melodía entonada por mineros sometidos a las peores condiciones laborales. Con una intensidad que a muchos provoca lágrimas, habla de ir adelante en un tren, de no darse por vencidos, metáfora de la nación que con incertidumbre y dolores dejaba atrás el *apartheid*.

Dirigidos por Carlos Alberto Parreira, los Bafana accedieron al Soccer City cantando y bailando Shosholoza para su debut contra México. Sin embargo, en las gradas ese himno extraoficial apenas se escucharía. El ambiente se saturaría con el sonido de las *vuvuzelas,* cornetas sudafricanas cuyo estruendo propició quejas de numerosos jugadores y entrenadores. •

Abundan los casos de hermanos convocados a un mismo Mundial. Por ejemplo, los alemanes Walter, los ingleses Charlton, los daneses Laudrup, los neerlandeses De Boer, incluso los tres Palacios con Honduras en 2010.

Por vueltas que demos, lo de los Boateng en Sudáfrica resultó distinto: Kevin-Prince con la revelación, Ghana, tierra de sus antepasados; Jerome haciéndolo con Alemania, donde nació. Y, por si faltara, rivales en la fase preliminar, victoria teutona con los Boateng apenas saludándose.

Su padre había emigrado de Ghana a Berlín. Con su primera esposa tuvo a Kevin-Prince en 1987, en su segundo matrimonio a Jerome en 1988. Los medios-hermanos surgirían del club Hertha y escalarían juntos por las selecciones menores germanas.

En 2009, la *Mannschaft* suspendió a Kevin-Prince por indisciplina y el ofensivo aceptó el llamado de Ghana. Para agregar tensión, a semanas del Mundial lesionó en la copa inglesa al capitán de la selección alemana, Michael Ballack, privándolo del torneo.

Otro caso similar se daría en Qatar 2022, Iñaki Williams representando a Ghana y Nico Williams a España, aunque no se enfrentaron. •

Waka waka

De las canciones mundialistas más exitosas, Shakira lanzó su Waka-Waka (This Time for Africa), compartiendo créditos con la reconocida banda local, Freshlyground.

Ritmos africanos y la repetición de la palabra waka, coloquialismo para decir en varios puntos del continente "hazlo" o "avanza", supusieron un impresionante hit.

A horas de la inauguración, la colombiana encabezó un gran concierto en Johannesburgo al lado de Black Eyed Peas y Alicia Keys. Otra canción célebre de este Mundial fue Wavin´ Flag del somalí K´naan.

Por mucho que España viniera de conquistar la Euro, no se le percibía como principal candidata al título... y menos al debutar perdiendo con Suiza. Se vislumbraba a varios favoritos: Brasil, pese a excluir de su lista a Ronaldinho. Inglaterra, ausente Beckham por lesión, pero con Lampard, Gerrard y Rooney. Alemania, el proceso de Klinsmann continuado por su viejo asistente, Joachim Löw. Y, por supuesto, Argentina, con el enigma de ver a Lionel Messi entrenado por Maradona.

Mundial extraño en el que las estrellas se fueron derrumbando sin apenas figurar. Italianos y franceses no pasaron de primera ronda, los ingleses pagaron caro ser segundos y sucumbieron con los alemanes en octavos, brasileños y argentinos no superaron los cuartos (la albiceleste goleada por Alemania en la consagración de jóvenes como Özil, Müller, Kroos).

Regresando con España, su seleccionador, Vicente del Bosque, supo levantar al equipo tras la derrota inicial y ganó sus restantes duelos en fase de grupos. Ese combinado sería recordado por su sistema vistoso, aunque la clave estuvo en la defensa con elementos titánicos como Ramos, Piqué, Puyol, aparte de esa media con Xavi, Iniesta, Busquets, Xabi Alonso. En las tres rondas nocaut se impondría sin encajar gol y por la mínima: sobre Portugal y Paraguay con solitarias anotaciones de David Villa, ante Alemania en semifinales con testarazo de Puyol.

Países Bajos, por su lado, se recargaba en el genial Sneijder y el habilidoso Robben. Con esa fórmula echó en cuartos a Brasil y en semifinal a una Uruguay de gratísimo rendimiento en ese Mundial —los charrúas venían de uno de los cotejos más frenéticos de la historia contra Ghana; último minuto de los tiempos extra en los que Luis Suárez salvó con la mano en la línea, yéndose expulsado; Asamoah Gyan falló el penalti; en tanda de penales avanzó la celeste con cobro a lo Panenka de Abreu.

La final enfrentaba a dos representativos nunca campeones por primera ocasión desde 1978. Los ceros prevalecieron y los naranjas pudieron ganarlo, Iker Casillas rechazando con el pie un remate de Robben. Así entramos a una prórroga en la que no parecía existir solución que no fuera dilucidar en penales. De pronto, al minuto 116 Andrés Iniesta cruzó un derechazo y estremeció la red. España tocaba el cielo en Sudáfrica. •

Sudáfrica 2010

TABLA DE GRUPOS Y RESULTADOS

Grupo A

Uruguay	7
México	4
Sudáfrica	4
Francia	1

Sudáfrica	1-1	México
Uruguay	0-0	Francia
Uruguay	3-0	Sudáfrica
México	2-0	Francia
Uruguay	1-0	México
Sudáfrica	2-1	Francia

Grupo B

Argentina	9
Corea del Sur	4
Grecia	3
Nigeria	1

Corea del Sur	2-0	Grecia
Argentina	1-0	Nigeria
Argentina	4-1	Corea del Sur
Grecia	2-1	Nigeria
Nigeria	2-2	Corea del Sur
Argentina	2-0	Grecia

Grupo C

EE.UU.	5
Inglaterra	5
Eslovenia	4
Argelia	1

Inglaterra	1-1	EE.UU.
Eslovenia	1-0	Argelia
Eslovenia	2-2	EE.UU.
Inglaterra	0-0	Argelia
EE.UU.	1-0	Argelia
Inglaterra	1-0	Eslovenia

Grupo D

Alemania	6
Ghana	4
Australia	4
Serbia	3

Ghana	1-0	Serbia
Alemania	4-0	Australia
Alemania	0-1	Serbia
Ghana	1-1	Australia
Alemania	1-0	Ghana
Australia	2-1	Serbia

Grupo E

Países Bajos	9
Japón	6
Dinamarca	3
Camerún	0

Países Bajos	2-0	Dinamarca
Japón	1-0	Camerún
Países Bajos	1-0	Japón
Dinamarca	2-1	Camerún
Japón	3-1	Dinamarca
Países Bajos	2-1	Camerún

Grupo F

Paraguay	5
Eslovaquia	4
Nueva Zelanda	3
Italia	2

Italia	1-1	Paraguay
Nueva Zelanda	1-1	Eslovaquia
Paraguay	2-0	Eslovaquia
Italia	1-1	Nueva Zelanda
Eslovaquia	3-2	Italia
Paraguay	0-0	Nueva Zelanda

Grupo G

Brasil	7	
Portugal	5	
Costa de Marfil	4	
Corea del Norte	0	

Costa de Marfil	0-0	Portugal
Brasil	2-1	Corea del Norte
Brasil	3-1	Costa de Marfil
Portugal	7-0	Corea del Norte
Portugal	0-0	Brasil
Costa de Marfil	3-0	Corea del Norte

Grupo H

España	6	
Chile	6	
Suiza	4	
Honduras	1	

Chile	1-0	Honduras
España	0-1	Suiza
Chile	1-0	Suiza
España	2-0	Honduras
Suiza	0-0	Honduras
España	2-1	Chile

Octavos de final

Uruguay	2-1	Corea del Sur
Ghana	2-1	EE.UU.
	tiempos extra	
Alemania	4-1	Inglaterra
Argentina	3-1	México
Países Bajos	2-1	Eslovaquia
Brasil	3-0	Chile
Paraguay	0-0	Japón
	5-3	*en penales*
España	1-0	Portugal

Cuartos de final

Países Bajos	2-1	Brasil
Uruguay	1-1	Ghana
	4-2	*en penales*
Alemania	4-0	Argentina
España	1-0	Paraguay

Semifinales

Países Bajos	3-2	Uruguay
España	1-0	Alemania

Tercer lugar

Alemania	3-2	Uruguay

Final

España	1-0	Países Bajos
	tiempos extra	

Iniesta 116´

"El deporte tiene el poder para cambiar al mundo, para unir a la gente de un modo que nada más puede. El pueblo africano aprendió lecciones de paciencia y resistencia en su larga lucha por la libertad. Que la recompensa traída por el Mundial pruebe que esa larga espera para su llegada a África valió la pena."

Nelson Mandela.

CASILLAS VS ROBBEN

El 2006 se había marcado como el año para que Sudáfrica recibiera el Mundial. Recién abolido el régimen del apartheid, con la insistencia de Nelson Mandela de utilizar al deporte para reconciliar a una sociedad al borde de la Guerra Civil (como al acoger el Mundial de rugby de 1995), el presidente de la FIFA, Joseph Blatter, determinó no nada más el primer Mundial africano, sino que sería en específico en ese país.

Sin embargo, en la asamblea para concederse la sede, en 2000, sucedió un escándalo. El delegado de Oceanía, instruido por su confederación a apoyar a Sudáfrica en la última vuelta contra Alemania, renunció a votar, alegando que sufría demasiadas presiones. Con su abstención, los germanos ganaron y pospusieron el Mundial africano.

Cuatro años más tarde, Sudáfrica superaba a Marruecos, quedándose la organización del torneo de 2010. La Copa del Mundo coronaría monarca en Soweto, el mayor de esos *townships* o barrios en los que la población nativa fuera segregada durante el *apartheid*. Lo mismo, el estadio de Ciudad del Cabo asomaría a la Robben Island donde Mandela estuviera preso. •

MÉXICO EN SUDÁFRICA 2010

Hugo Sánchez dirigió de entrada el camino a Sudáfrica, mas lo destituyeron por no calificar a los Olímpicos 2008. Se contrató al sueco Sven Göran Eriksson y bajo su tutela por poco ni se avanza al hexagonal final. Lo relevó Javier Aguirre, recién salido del Atlético de Madrid, y logró el boleto.

El Vasco acopló a campeones sub17 en 2005 (Vela, Gio, Juárez, Moreno), más el gran crecimiento de Guardado, la irrupción de Javier Hernández y el retorno de Cuauhtémoc. Para sorpresa, el veterano Óscar Pérez fue portero titular y no Guillermo Ochoa.

Se inauguró el certamen contra el anfitrión, Sudáfrica, con Rafa Márquez anotando para nivelar el tanto inicial de los *Bafana*. Días después, el Tri consumó su mejor actuación imponiéndose a Francia 2-0 por conducto de Chicharito y Cuauhtémoc. Se cerró cayendo con Uruguay, lo que mandó a México al segundo sitio y percudió el ambiente.

Argentina esperaba de nuevo. Un gol en fuera de lugar de Carlos Tévez (tan claro que contribuyó a que Blatter decidiera instaurar a futuro el VAR), trituró todo plan. Derrota 3-1. Sempiterna despedida en octavos. ⚽

Campeón: ALEMANIA • Subcampeón: ARGENTINA • Tercer lugar: PAÍSES BAJOS

Crack: MANUEL NEUER (GER)
Campeón goleador: JAMES RODRÍGUEZ (COL) 6 goles
Mejor portero: MANUEL NEUER (GER)

32 selecciones participantes • 64 partidos • Promedio de goles 2.67 por partido

BRASIL 2014

Brasil logró lo imposible: perder en un Mundial en casa aun con más escándalo que en el Maracanazo de 1950. El Mineiraço impidió a los locales acceder a una final que terminó encarando por tercera vez a argentinos y alemanes. En ella, la albiceleste falló lo inimaginable, Messi asumió que acaso la gloria con su selección no era para él, y los germanos alzaron su cuarto cetro.

MANUEL NEUER

1986

Recibió los guantes por azar: ser uno de los últimos en llegar a ese equipo infantil en Gelsenkirchen, convirtió a Manuel en guardameta.

Tenía cinco años y lloraba cada que le metían gol. Por ello llevaba a los partidos su oso de peluche, recargándolo en las redes y abrazándolo hasta tranquilizarse.

Tanto sufría las derrotas que trabajó al máximo para evitarlas. A los 20 años se consolidó en el Schalke 04. Luego de cuatro temporadas venían Sudáfrica 2010 y una trágica carambola: el titular, Robert Enke, se suicidó por una grave depresión, y el portero reserva, René Adler, se lesionó. Neuer tomó de rebote un arco que por cuatro Mundiales no soltó. Vital para la corona alemana en 2014... ya sin osito bajo los postes.

PRINCIPALES ESTADIOS	CAPACIDAD
Maracaná, Río de Janeiro	*75 000*
Arena Corinthians, São Paulo	*69 000*
Estadio Mineirão, Belo Horizonte	*60 000*

Mascota

Fuleco combinaba las palabras futbol y ecología, nombre idóneo al tratarse de un armadillo de tres bandas, endémico a Brasil, en peligro de extinción. Se criticó que a primera vista guardaba ciertas semejanzas con Zakumi, mascota de Sudáfrica 2010.

Faltaba la última jornada del grupo de la muerte y el nivel de estupefacción ya resultaba delirante: Costa Rica había domado la etapa preliminar más ruda de la historia (única vez en que alguien coincidió con tres campeones del mundo); la Inglaterra de Rooney y Gerrard estaba fuera; italianos y uruguayos pelearían lo que quedaba que era el subliderato, la *Azzurra* echaría a la celeste con el empate.

Duelo áspero en Natal entre dos cuadros asomados al precipicio. La expulsión del italiano Marchisio, por una plancha, hizo que sus diez compañeros se encerraran para asegurar el punto. Uruguay buscaba la ventaja, mas sin incomodar a Buffon.

Al minuto 79, Cavani conducía un balón en la banda cuando cayeron en el área Giorgio Chiellini y Luis Suárez. Chiellini se levantó muy molesto. Jalaba su playera hacia el brazo para mostrar al árbitro, el mexicano Marco Rodríguez, la marca en su hombro de los dientes de Suárez. Reaccionaba atónito al ver que no se sancionaba nada.

A la siguiente jugada, en un córner, Godín anotó para Uruguay e Italia se despidió del torneo. Suárez, con dos antecedentes de morder rivales, sería suspendido cuatro meses de toda actividad, el mayor castigo impuesto en Mundiales. •

El 8 de julio de 2014, a una semana del aniversario 64 del Maracanazo, una nueva generación de brasileños entendía lo que padecieron sus antepasados: la máxima zozobra futbolera. Sucedió en Belo Horizonte. Semifinal en la que los anfitriones no contaban con el suspendido defensa Thiago Silva ni el lesionado ofensivo Neymar. En frente, Alemania vestía un atípico uniforme inspirado en el del club carioca Flamengo.

Un arranque parejo se rompió al minuto 11. Error de marcación en tiro de esquina y Thomas Müller adelantó a los visitantes. Brasil amagó con responder, impulsado por un estadio Mineirão incluso más ruidoso que al comenzar. Todo terminó en los seis minutos más fatídicos que el futbol haya presenciado. Del 23 al 29, la tromba germana metió cuatro goles más: Klose, dos de Kroos, Khedira. 5-0 antes del entretiempo. Sollozar y consolarse entre extraños se hizo normal. Tan hueco silencio permitía escuchar patadas al balón, gritos en la cancha, alegatos desde la banca, ruegos de que la pesadilla culminara. El doblete de Schürrle lo dejó en 7-1. La semifinal más abultada. La peor derrota brasileña en Mundiales. La humillación por antonomasia. Cuatro días después, continuaba el viacrucis: goleados 3-0 por Países Bajos y despojados también del tercer sitio. •

Tecnología

Por primera ocasión se permitió asistencia al arbitraje con la tecnología de línea de meta. En el Francia-Honduras se revisó un remate de Karim Benzema que luego de ir al poste pegó en el portero catracho y rebotó al límite del gol. El primer tanto mundialista avalado por la tecnología fue ese autogol. Atrás quedaban escándalos que ese sistema habría esclarecido como el 3-2 de Hurst en la final de 1966, el no concedido al español Míchel en 1986 o el robado a Lampard en 2010.

Sólo el cuadro más poderoso de esos años, España, con tres títulos al hilo (Euro 2008, Mundial 2010, Euro 2012), opacaba al anfitrión Brasil.

Ilusión ibérica que no duró, goleados en el debut por su víctima en la final anterior, Países Bajos. Debacle consumada al también caer con Chile: el favorito estaba fuera sin que esto llevara una semana.

La otra enorme sorpresa se gestó en el grupo de la muerte. Rodeada por tres campeones del mundo, Costa Rica asaltó el liderato, eliminando a Italia e Inglaterra, y se colaría hasta cuartos de final.

Brasil se sostenía de la habilidad de Neymar y las arremetidas de Marcelo y Dani Alves, pero no despejaba dudas. En octavos, contra Chile, se salvó en el último suspiro con un remate del andino Pinilla al travesaño. Su capitán, Thiago Silva, lloraba durante la tanda de penales, evidenciando la mal asimilada presión. Otro poste chileno, ahora en el disparo definitivo, puso a la *verdeamarela* en cuartos. Ahí se enfrentó a Colombia, encabezada por el futbolista más desequilibrante del torneo, James Rodríguez. Brasil avanzó a un costo alto, lesionado Neymar para el resto del certamen. Sin él, esperaba una temible Alemania, con las estrellas de 2010 ya en plenitud: Neuer, Kroos, Schweinsteiger, Lahm, Özil, Müller, más el incombustible Klose que rompería el récord de Ronaldo como mayor goleador mundialista.

Antes de la media hora de esa semifinal, la *Mannschaft* ya vapuleaba 5-0. El Mineiraço cerró en 7-1 y resucitó el dolor de 1950.

De la mano de Messi, Argentina libró serena la fase preliminar y en las rondas nocaut capitalizó sus escasos goles. Uno en tiempos extra a Suiza en octavos, otro tempranero a Bélgica en cuartos y 0-0 en semifinales ante Países Bajos, con gran actuación de Mascherano, para vencer en penales. Cientos de miles de argentinos cantaban por Copacabana: "¡Brasil, decime qué se siente, tener en casa a tu papá!".

Añeja rivalidad que orilló a los locales a apoyar a Alemania en la final, pese a la ignominia del Mineirão. La albiceleste desperdició oportunidades claras y llegó la prórroga. En ella, el recién ingresado Mario Götze clavó un golazo. Los germanos eran tetracampeones. Primera corona desde la Reunificación, con Toni Kroos como primer nacido en la extinta Alemania Oriental en conquistar la copa. •

Brasil 2014

TABLA DE GRUPOS Y RESULTADOS

Grupo A

Brasil	7
México	7
Croacia	3
Camerún	0

Brasil	3-1	Croacia
México	1-0	Camerún
Brasil	0-0	México
Croacia	4-0	Camerún
Brasil	4-1	Camerún
México	3-1	Croacia

Grupo B

Países Bajos	9
Chile	6
España	3
Australia	0

España	1-5	Países Bajos
Chile	3-1	Australia
Países Bajos	3-2	Australia
España	0-2	Chile
Australia	0-3	España
Países Bajos	2-0	Chile

Grupo C

Colombia	9
Grecia	4
Costa de Marfil	3
Japón	1

Colombia	3-0	Grecia
Costa de Marfil	2-1	Japón
Colombia	2-1	Costa de Marfil
Japón	0-0	Grecia
Colombia	4-1	Japón
Grecia	2-1	Costa de Marfil

Grupo D

Costa Rica	7
Uruguay	6
Italia	3
Inglaterra	1

Uruguay	1-3	Costa Rica
Italia	2-1	Inglaterra
Uruguay	2-1	Inglaterra
Italia	0-1	Costa Rica
Uruguay	1-0	Italia
Costa Rica	0-0	Inglaterra

Grupo E

Francia	7
Suiza	6
Ecuador	4
Honduras	0

Suiza	2-1	Ecuador
Francia	3-0	Honduras
Francia	5-2	Suiza
Ecuador	2-1	Honduras
Suiza	3-0	Honduras
Ecuador	0-0	Francia

Grupo F

Argentina	9
Nigeria	4
Bosnia	3
Irán	1

Argentina	2-1	Bosnia
Irán	0-0	Nigeria
Argentina	1-0	Irán
Nigeria	1-0	Bosnia
Argentina	3-2	Nigeria
Bosnia	3-1	Irán

Grupo G

Alemania	7	
EE.UU.	4	
Portugal	4	
Ghana	1	

Alemania	4-0	Portugal
EE.UU.	2-1	Ghana
Alemania	2-2	Ghana
EE.UU.	2-2	Portugal
Alemania	1-0	EE.UU.
Portugal	2-1	Ghana

Grupo H

Bélgica	9	
Argelia	4	
Rusia	2	
Corea del Sur	1	

Bélgica	2-1	Argelia
Rusia	1-1	Corea del Sur
Bélgica	1-0	Rusia
Argelia	4-2	Corea del Sur
Bélgica	1-0	Corea del Sur
Argelia	1-1	Rusia

Octavos de final

Brasil	1-1	Chile
	3-2	*en penales*
Colombia	2-0	Uruguay
Países Bajos	2-1	México
Costa Rica	1-1	Grecia
	5-3	*en penales*
Francia	2-0	Nigeria
Alemania	2-1	Argelia *tiempos extra*
Argentina	1-0	Suiza *tiempos extra*
Bélgica	2-1	EE.UU. *tiempos extra*

Cuartos de final

Alemania	1-0	Francia
Brasil	2-1	Colombia
Argentina	1-0	Bélgica
Países Bajos	0-0	Costa Rica
	4-3	*en penales*

Semifinales

Brasil	1-7	Alemania
Países Bajos	0-0	Argentina
	2-4	*en penales*

Tercer lugar

Países Bajos	3-0	Brasil

Final

Alemania	1-0	Argentina
	tiempos extra	

Götze 113´

El alemán Christoph Kramer no recuerda haber jugado la final. Tras chocar con el argentino Garay en el primer tiempo, se acercó al árbitro a consultar si estaban disputando un Mundial. Eso encendió las alarmas y su urgente sustitución. Producto de la conmoción experimentó amnesia temporal.

El país más futbolero, donde cada playa o esquina fungen como canchas, se resistió como ninguno a acoger un Mundial.

A pocos días de arrancar la Copa Confederaciones 2013, se convocaron en São Paulo marchas opuestas al aumento en el precio del transporte público. Protestas que pronto adquirieron dimensión nacional, ya con millones en las calles, e incorporaron dos elementos a las demandas: hartazgo por la corrupción y rechazo a organizar tanto la Copa del Mundo 2014 como los Olímpicos 2016, nociones mezcladas al descubrirse que las infraestructuras deportivas se construyeron con absurdo sobrecosto. Para cuando se inauguró la Confederaciones, Brasil ya se habituaba a barricadas, disturbios, choques, incendios, ataques hacia todo lo que tuviera que ver con la FIFA. Tendencia que se mantendría durante el largo año que faltaba para la Copa, con clamores como "queremos hospitales y no estadios".

La *verdeamarela* se concentró para el certamen con su autobús golpeado por manifestantes. El Mundial 2014 y Brasil como nación quedarían marcados por estos multitudinarios actos. •

MÉXICO EN BRASIL 2014

Pese al optimismo por el oro en Londres 2012, el Tri padecería muchísimo de camino a Brasil. Por su banquillo pasarían Chepo de la Torre, Luis Fernando Tena como interino, Víctor Manuel Vucetich, hasta que Miguel Herrera recibió la misión de afrontar el repechaje intercontinental al que de milagro se calificó.

México consiguió el boleto en Nueva Zelanda y la esperanza volvió con un equipo combativo que, de nuevo, fue sorteado con la selección sede.

Se comenzó venciendo a Camerún con gol de Oribe Peralta tras dos tantos mal anulados a Gio Dos Santos. Después Ochoa vivió una tarde soñada atajando todo a Brasil para amarrar el 0-0. Bastaba empatar con Croacia, pero el Tri arrolló. Márquez, Guardado y Chicharito dibujaron el 3-1.

En octavos se acariciaría como nunca la victoria. México derrotaba a Países Bajos con gol de Gio y ya pensaba en cuartos. Al minuto 87 una cobertura errónea dejó en bandeja la igualada de Sneijder. Se aproximaban los tiempos extra cuando Rafa Márquez estiró el pie y Robben se desplomó. Una muy protestada falta, el lamento de "¡No era penal!", eliminaba al Tri.

10

Campeón: FRANCIA • Subcampeón: CROACIA • Tercer lugar: BÉLGICA

Crack: LUKA MODRIĆ (CRO)
Campeón goleador: HARRY KANE (ENG) 6 goles
Mejor portero: THIBAUT COURTOIS (BEL)

32 selecciones participantes • 64 partidos • promedio de 2.64 goles por partido

RUSIA 2018

Francia recuperó la cima 20 años después. Dirigidos por su capitán de 1998, Didier Deschamps, apagaron en la final a la revelación, Croacia. La compenetración ofensiva de Griezmann y el adolescente Mbappé, aparte de la poderosa media conformada por Kanté y Pogba, los hicieron invencibles. Sin ser campeón, nadie discutió la premiación de Luka Modrić como jugador del Mundial.

LUKA MODRIĆ

1985

Este niño se enfrentó a los seis años a la cara más trágica del mundo. Las guerras balcánicas asaltaban su tranquila aldea, Modrići, de la que había surgido su apellido. Su abuelo Luka, como quien se llamaba, era asesinado por paramilitares serbios.

Con ese profundo dolor, los Modrić fueron enviados como refugiados a un hotel. En esos pasillos el pequeño rubio no dejaba de patear la pelota, rompiendo todo con sus potentes remates. Ahí lo descubrió un dirigente de futbol y lo llevó a sus primeros entrenamientos, sesiones que transcurrirían entre interrupciones por alarmas de bombardeos. Con menos de 19 años acudió al Mundial 2006 y empezó una espectacular trayectoria en su selección con clímax en Rusia 2018.

PRINCIPALES ESTADIOS	CAPACIDAD
Luzhnikí, Moscú	*79 000*
E. Krestovski, San Petersburgo	*70 000*
E. Olímpico Fisht, Sochi	*44 000*

Mascota y póster

Un lobo euroasiático con gogles fue elegido como mascota. Se le llamó Zabivaka, *traducible como goleador (por el verbo ruso* zabivat, *anotar), aunque también se prestaba a un juego de palabras para decir "canino goleador"* (sabaka *significa perro).*

Más innovador resultó el póster oficial al incluir a un personaje real. Algo que Argentina 1978 insinuó, suponiéndose que el futbolista bigotón que ahí festejaba era Leopoldo Luque, pero que Rusia 2018 efectuó sin disimulo. En la imagen, el legendario portero Lev Yashin emerge para atrapar un balón que se convierte en planeta. Composición que remite al constructivismo ruso y al programa espacial de tiempos soviéticos.

Cuando Islandia calificó a la Euro 2016 se pretendió atribuir el éxito a que el certamen elevaba aforo a 24 participantes. Lo impensable era que avanzarían hasta cuartos tras eliminar a Inglaterra. Ahí se popularizó el ritual de la "tormenta vikinga", jugadores y aficionados al unísono aplaudiendo cada vez a mayor ritmo.

Meses después, se metían al Mundial 2018. Para entonces ya nadie dudaba de su proyecto deportivo ni de la entereza de ese plantel. Arrebató el boleto directo a selecciones como Croacia, Ucrania y Turquía. En seis años saltaba del ránking FIFA 131 al 18. Con 330 mil habitantes constituía el país menos poblado en jamás competir en un Mundial.

Portando banderas con los Landvættir o espíritus guardianes de su cultura, con Heimir Hallgrímsson alternando el puesto como seleccionador con su trabajo como dentista, en Rusia 2018 igualó con Argentina. Hannes Por Halldorson, portero y en sus ratos libres cineasta, escribió el guion de su vida atajando un penal a Messi. •

No existía aparente tensión política en un grupo integrado por Brasil, Costa Rica, Serbia y Suiza.

No obstante, cuando los balcánicos derrotaron a los ticos, su Ministro de Exteriores habló de venganza, recordando que Costa Rica fue de los primeros gobiernos en reconocer la independencia de Kósovo (territorio que hasta 2008 perteneció a Serbia).

Para el siguiente cotejo subió la agitación. Los serbios estaban venciendo a los helvéticos con anotación de Aleksandar Mitrović, quien antes criticara a los futbolistas suizos de ascendencia albanokosovar: "Levantan esos colores, pero luego se niegan a jugar para ese país, eso dice mucho de ellos".

Granit Xhaka, hijo de un independentista kosovar que estuvo preso, empataría. La voltereta la consumó otro suizo-kosovar, Xherdan Shaqiri, cuyos zapatos intentó prohibir la federación serbia por mostrar la bandera de Kósovo. En los festejos de los goles, Xhaka y Shaqiri formaron con las manos el águila bicéfala albanesa. Suiza y Serbia repetirían lío diplomático en Qatar 2022. •

Nuevos tiempos, la llegada del VAR

La Copa Confederaciones de Rusia 2017 fue el último simulacro para la instauración del VAR o videoarbitraje en el futbol.

El gol de Diego Costa para España contra Portugal resultó el primero concedido por ese mecanismo en Copas del Mundo. La revisión de video contribuyó a que este torneo rompiera récord de penales sancionados y que trece goles cambiaran de marcación al checarse en el monitor. En plena final, el árbitro acudió al VAR para conceder a Francia un penal por mano de Perišić.

Lucía boyante el proyecto lanzado por Alemania años antes, sus futbolistas consagrados en los clubes más importantes. Con la legitimidad del título en 2014, ganando la Confederaciones 2017 incluso con convocatoria alterna, eran los favoritos.

Expectativa desplomada en la peor fase preliminar de su historia. Tras caer con México, se impusieron a Suecia con un apoteósico gol de Toni Kroos en el último minuto, mas quedaron fuera perdiendo con Corea.

Otro de los grandes candidatos, España, presumía el invicto en los 20 cotejos al mando de Julen Lopetegui. Sin embargo, a un día de la inauguración explotó una noticia en Krasnodar: el DT anunciaba que entrenaría al Real Madrid luego del Mundial, acto que su federación interpretó como falta de compromiso y lo destituyó de manera inmediata. El director deportivo, Fernando Hierro, asumió emergentemente e hizo calificar a los ibéricos como líderes en un grupo en el que Portugal les sacó el empate con *hat trick* de Cristiano Ronaldo. En octavos, cuando el cuadro español ya parecía estable, no pudo abrir a la anfitriona, Rusia, y pereció en penales.

Brasil tampoco trascendió, superado por la generación dorada de Bélgica en cuartos: Courtois, Kompany, De Bruyne, Hazard, Lukaku, le pasaron por encima. Menos sorpresivo fue el fracaso argentino tras un caótico proceso de tres entrenadores. Pese a contar con Messi, la albiceleste casi se atora en la ronda inicial y sucumbió con Francia en octavos.

Esa Francia subcampeona de la Euro 2016, reforzada por la nueva sensación, Kylian Mbappé, doble anotador contra Argentina en un partidazo. A continuación, los galos derrotaron a Uruguay y después, en un cerradísimo choque, a Bélgica en semifinales.

Por el otro lado, Croacia echaba en penales tanto a Dinamarca como a Rusia. Encabezada por Modrić, Rakitić, Perišić, Mandžukić eliminó en la semifinal a una Inglaterra que otra vez lamentaba su destino.

Los balcánicos se enfrentarían a los franceses por el trofeo. Final de seis goles, como no se había dado en más de medio siglo, los *bleus* levantaron su segundo título. Con Varane en la defensa, Kanté recuperando balones, Pogba y su gran recorrido, más el enorme aporte de Griezmann y Mbappé al ataque. Deschamps se agregaba a Zagallo y Beckenbauer como campeón jugando y dirigiendo. •

Rusia 2018

TABLA DE GRUPOS Y RESULTADOS

Grupo A

Uruguay	9
Rusia	6
Arabia Saudí	3
Egipto	0

Rusia	5-0	Arabia Saudí
Uruguay	1-0	Egipto
Rusia	3-1	Egipto
Uruguay	1-0	Arabia Saudí
Uruguay	3-0	Rusia
Arabia Saudí	2-1	Egipto

Grupo B

España	5
Portugal	5
Irán	4
Marruecos	1

Irán	1-0	Marruecos
España	3-3	Portugal
Portugal	1-0	Marruecos
España	1-0	Irán
Irán	1-1	Portugal
España	2-2	Marruecos

Grupo C

Francia	7
Dinamarca	5
Perú	3
Australia	1

Francia	2-1	Australia
Dinamarca	1-0	Perú
Dinamarca	1-1	Australia
Francia	1-0	Perú
Dinamarca	0-0	Francia
Perú	2-0	Australia

Grupo D

Croacia	9
Argentina	4
Nigeria	3
Islandia	1

Argentina	1-1	Islandia
Croacia	2-0	Nigeria
Croacia	3-0	Argentina
Nigeria	2-0	Islandia
Argentina	2-1	Nigeria
Croacia	2-1	Islandia

Grupo E

Brasil	7
Suiza	5
Serbia	3
Costa Rica	1

Serbia	1-0	Costa Rica
Brasil	1-1	Suiza
Brasil	2-0	Costa Rica
Suiza	2-1	Serbia
Brasil	2-0	Serbia
Suiza	2-2	Costa Rica

Grupo F

Suecia	6
México	6
Corea del Sur	3
Alemania	3

Alemania	0-1	México
Suecia	1-0	Corea del Sur
México	2-1	Corea del Sur
Alemania	2-1	Suecia
Suecia	3-0	México
Corea del Sur	2-0	Alemania

Grupo G

Bélgica	9	
Inglaterra	6	
Túnez	3	
Panamá	0	

Bélgica	3-0	Panamá
Inglaterra	2-1	Túnez
Bélgica	5-2	Túnez
Inglaterra	6-1	Panamá
Bélgica	1-0	Inglaterra
Túnez	2-1	Panamá

Grupo H

Colombia	6	
Japón	4	
Senegal	4	
Polonia	3	

Japón	2-1	Colombia
Polonia	1-2	Senegal
Japón	2-2	Senegal
Colombia	3-0	Polonia
Polonia	1-0	Japón
Colombia	1-0	Senegal

Octavos de final

Francia	4-3	Argentina
Uruguay	2-1	Portugal
España	1-1	Rusia
	3-4 *en penales*	
Croacia	1-1	Dinamarca
	3-2 *en penales*	
Brasil	2-0	México
Bélgica	3-2	Japón
Suecia	1-0	Suiza
Colombia	1-1	Inglaterra
	3-4 *en penales*	

Cuartos de final

Francia	2-0	Uruguay
Bélgica	2-1	Brasil
Inglaterra	2-0	Suecia
Croacia	2-2	Rusia
	4-3 *en penales*	

Semifinales

Francia	1-0	Bélgica
Croacia	2-1	Inglaterra
	tiempos extra	

Tercer lugar

Bélgica	2-0	Inglaterra

Final

Francia	4-2	Croacia
Mandžukić 18´	*(autogol)*	
Griezmann 38´		Perišić 28´
Pogba 59´		Mandžukić 69´
Mbappé 65´		

Rafael Marquez fue el primer jugador en capitanear a su selección en cinco Mundiales: Corea-Japón 2002, Alemania 2006, Sudáfrica 2010, Brasil 2014 y Rusia 2018. Antes fueron cinco-copas, aunque sin portar el gafete a cada torneo, el también mexicano Antonio Carbajal y el alemán Lothar Matthäus.

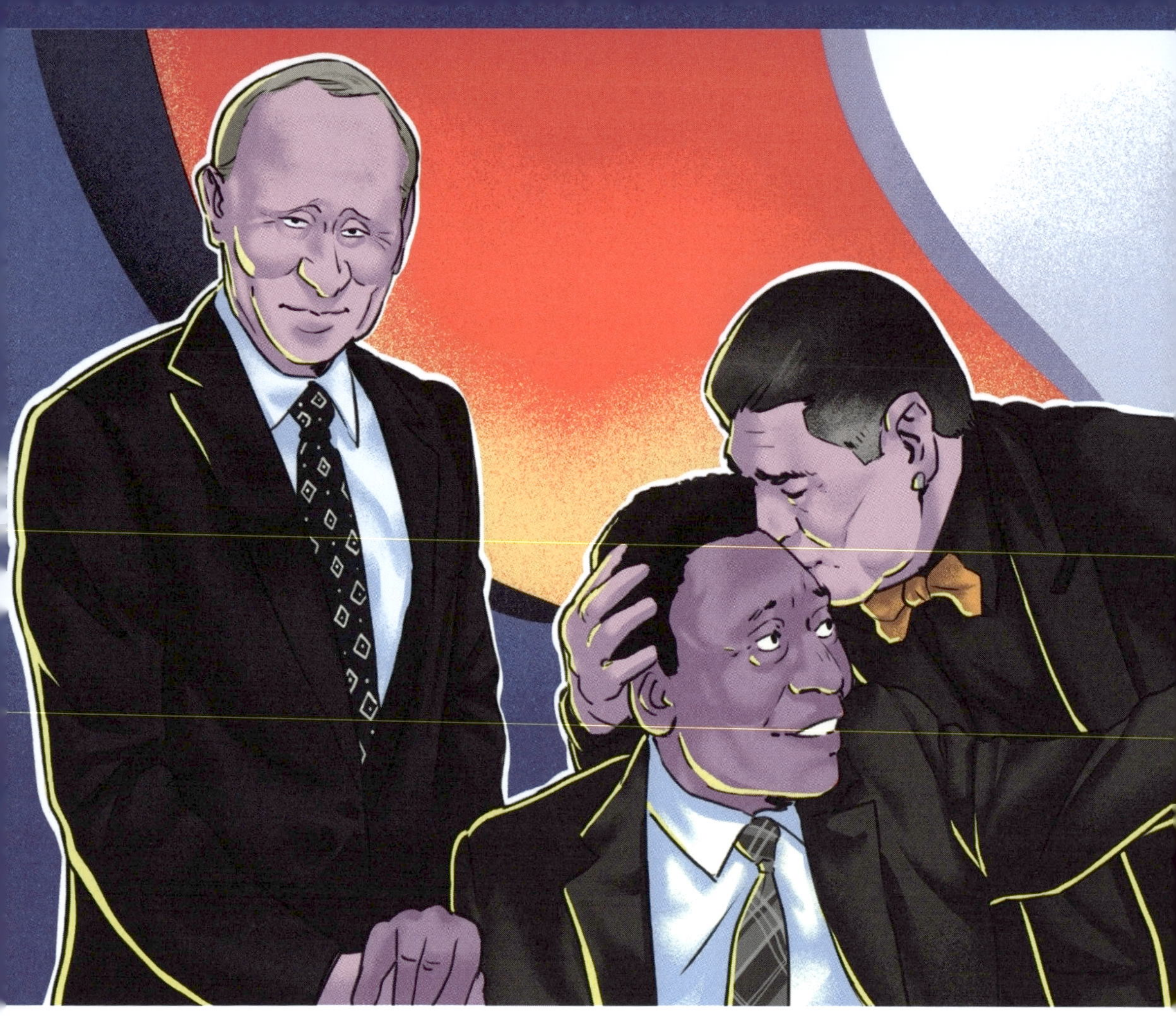

El 27 de mayo de 2015, a horas de que Joseph Blatter buscara reelegirse en la presidencia de la FIFA, la policía suiza ejecutaba una redada para arrestar por corrupción a 14 altos miembros del organismo.

La presión crecería hasta hacer renunciar a Blatter quien ya no cumplió el quinto periodo para el que obtuvo los votos. Gianni Infantino llegaría a la FIFA prometiendo cambios, pero insistiendo que las sedes otorgadas a Rusia y Qatar no se revisarían. Lo anterior, pese al extenso reporte de irregularidades por un investigador contratado por la propia FIFA, Michael J. García.

Rusia, a su vez, era criticada por violación sistemática de Derechos Humanos. Por si faltara, en 2014 dos regiones del oriente de Ucrania, Donetsk y Luhansk, declaraban su independencia a través de rebeldes prorrusos, respaldados por Rusia. Mismo año en que Rusia anexaba la ucraniana península de Crimea y organizaba los Olímpicos invernales en Sochi.

Todo eso rodearía al Mundial cuyo sorteo de grupos se realizó en pleno Kremlin de Moscú, con Pelé y Maradona abrazados del presidente Putin. •

MÉXICO EN RUSIA 2018

México vivió al fin un ciclo de un solo seleccionador, Juan Carlos Osorio, sin que eso evitara tensión. El 7-0 propinado por Chile en la Copa América Centenario 2016 y la rotación de jugadores, tuvo al colombiano bajo permanente crítica.

En esta ocasión no tocó enfrentar al local, aunque sí el estreno del campeón, Alemania, de plantel tan amenazador que antes del torneo circulaban tres temibles onces que podía alinear. No obstante, el Tri venció a los germanos con una hermosa anotación de Hirving Lozano. Ochoa, Guardado, Herrera, Moreno, Layún, Vela, *Chicharito*, el propio *Chucky*, Rafa en su quinto Mundial, lo lograron en una de las mejores actuaciones de la historia tricolor. El siguiente duelo se saldó con victoria ante Corea del Sur, poniendo en manos mexicanas el liderato. Lejos de eso, contra Suecia se jugó horrible (goleados 3-0) y nada más se avanzaría gracias a que Alemania se estrelló al cerrar con Corea.

Segundos de sector, esperaba Brasil. Sin ofrecer demasiada resistencia, ajenos al brillante rendimiento del debut, el Tri fue doblegado, séptima despedida al hilo en octavos. ⚽

Campeón: ARGENTINA • Subcampeón: FRANCIA • Tercer lugar: CROACIA

Crack: LIONEL MESSI (ARG)
Campeón goleador: KYLIAN MBAPPÉ (FRA) 8 goles
Mejor portero: EMILIANO MARTÍNEZ (ARG)

32 selecciones participantes • 64 partidos • promedio de 2.69 goles por partido

QATAR 2022

Lionel Messi conquistó en Qatar lo único que le faltaba. La albiceleste se transformó en tricampeona en una de las mejores finales de la historia, tercera ocasión en que el título se dilucidó en penales. Las sorpresas y duelos igualadísimos proliferaron desde el inicio del certamen, otra vez con grata actuación de Croacia y decepción de Alemania, más la revelación Marruecos.

LIONEL MESSI

1987

Al ver que no estaban completos para ese partidito en Rosario, doña Celia insistió en que permitieran jugar al menor de sus nietos, Lionel, que tenía cuatro años y parecía incluso más pequeño. Condicionaron que lo hiciera en la banda pegada a la abuela para que lo cargara en caso de llorar. Pronto lloraron, pero los rivales, incapaces de frenarlo.

Leo crecería en talento, mas no en estatura. Por ello requería unas inyecciones que ningún equipo argentino podía o aceptaba pagar. El Barcelona ofreció ocuparse del tratamiento. Ahí Messi escalaría a la mayor cúspide, aunque le faltaba dar trofeos a su selección. Ganaría la Copa América a su sexto intento (2021) y, sobre todo, el Mundial en su quinta participación (2022).

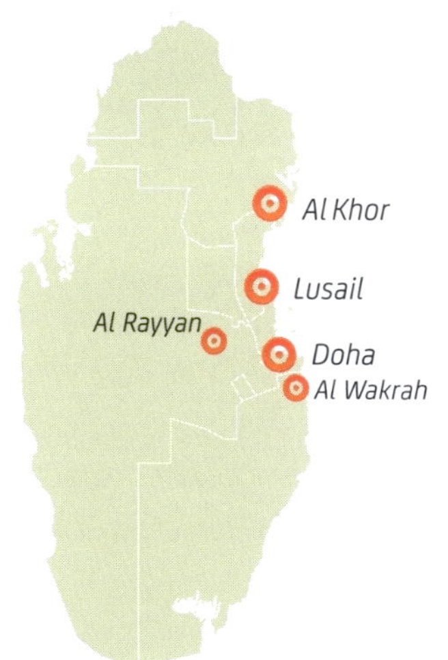

PRINCIPALES ESTADIOS	CAPACIDAD
Istad Lusail, Lusail	*89 000*
Istad Al Bayt, Al Khor	*69 000*
Khalifa International, Doha	*45 000*

Mascota

Un turbante con forma humana fue la mascota de Qatar 2022. Tributo a la tradicional cubierta de cabello en parte del mundo árabe, la kefia, se le llamó La'eeb, traducible como "futbolista talentoso". Al verlo volar en las animaciones, muchos lo relacionaron con un fantasma, aunque generó cierta simpatía.

Los fotógrafos apuntaban sus lentes en sentido inverso al habitual. No en dirección a los himnos en el césped, sino hacia la banca de Portugal donde Cristiano Ronaldo, con casaca de reserva, se abrazaba al portero Rui Patricio y al volante William Carvalho.

Había llegado a Qatar con 37 años y la extraña condición de no tener club tras rescindir con el Manchester United. Como sea, su gol a Ghana lo convirtió en el primer anotador en cinco Mundiales.

Cierto rompimiento con su entrenador, Fernando Santos, pudo darse por su gesto disgustado al salir frente a Corea, aunque luego se aseguraría que la molestia fue por un insulto desde las gradas. En todo caso, en octavos su lugar lo ocupó Gonçalo Ramos, quien respondió con triplete a Suiza.

En cuartos, ante Marruecos, repitió como suplente. Al minuto 51 entraba con el 1-0 en contra, mas apenas recibiría balones. Sólo pitar el árbitro y consumarse la eliminación, su rostro se descompuso. Jugadores marroquíes lo consolaban externándole su admiración, pero el 7 caminaba sin escuchar. Vio de soslayo a un aficionado interceptado antes de tocarlo. Al cubrirse bajo el túnel se privó en llanto. Difícil pensar en 2026 con 41 años... ¿o no? •

Italia no se clasificó por segundo Mundial consecutivo, algo que nunca había experimentado. La coronación en la Euro 2020, entre las ausencias de Rusia 2018 y Qatar 2022, insinuaba que la *Azzurra* retomaba su nivel con el D.T. Roberto Mancini.

Paradojas del destino, si conquistó Europa en penales, dos penaltis la privarían de nuevo del Mundial. El italobrasileño Jorginho falló sendos disparos desde los once metros tanto al visitar a Suiza como al recibirla. Un acierto en cualquiera de esas ejecuciones hubiera implicado el boleto.

Otra vez los esperaba la recalificación. Si rumbo a 2018 los venció Suecia a ida y vuelta, ahora como verdugo emergió la débil Macedonia del Norte y con un agravante: a partido único, jugando en pleno territorio italiano, en la isla de Sicilia.

Versión futbolera del infierno de Dante, desde Alemania 2006, cuando se elevó a tetracampeona, no ha pisado octavos de final y apenas ha ganado un cotejo mundialista.

Si Italia representó la mayor noticia de esa eliminatoria europea, fuera de la cancha lo fue la exclusión de Rusia a raíz de la invasión a Ucrania un mes antes de su repechaje ante Polonia. •

Hayya, hayya!

Toda una producción musical se lanzó para el torneo. La principal fue Hayya, hayya, de significado "¡Vamos!" (mismo origen del nombre de la visa de entrada a Qatar para el Mundial, la Hayya Card, obligado mostrarla a cada paso durante la estadía). También tuvo éxito Dreamers, cantada en la inauguración por el miembro de BTS, Jungkook.

Las selecciones saltaban a la cancha bajo los primeros acordes de otra canción, Arhbo (coloquialismo para decir "bienvenidos"), en un protocolo que tomaba vistosidad al levantar en el círculo central un enorme inflable de la Copa FIFA.

Lo que empezó como interinato, devolvería a Argentina a la gloria. Lionel Scaloni asumió el timón provisionalmente y terminó por quedarse.

Con un liderazgo sereno, despejó dudas ganando la Copa América 2021 (primer título albiceleste desde 1993) y pisó Qatar como uno de los favoritos. Arrancó cayendo con Arabia Saudita, mas corrigió de inmediato con victorias contra México y Polonia. Messi brillaba y comandaba, apoyado por otro veterano, Ángel Di María, y rodeado por jóvenes que se criaron idolatrándolo como Mac Allister, Enzo, Julián. Así llegó a cuartos, donde lucharía con Países Bajos en la Batalla de Lusail. Entre trifulcas, provocaciones, pelotazos y récord de amonestados, los naranjas remontaron dos goles para forzar unos penales en los que el *Dibu* Martínez se erigió héroe e inscribió a la albiceleste en semifinales.

La lógica establecía que ahí se toparían con Brasil, pero Croacia lo impidió venciendo a la *verdeamarela* de Neymar, Vinicius, Casemiro, Raphinha. Argentina tomó ventaja sobre los croatas anotando el cuarto de cinco penales que le concedieron en Qatar y después amplió para ganar 3-0.

Por el otro costado venía la sorpresa, Marruecos. En fase de grupos echó a Bélgica, en octavos a España y en cuartos a Portugal (cuadro lusitano en el que Cristiano fue enviado a la banca y no pudo remediar la eliminación como relevo). Los marroquíes se convertían en el primer representativo africano en semifinales, instancia en la que los esperaba Francia. En medio de notables ausencias (entre ellas, Benzema, Kanté y Pogba), los *bleus* se fortalecieron con un Griezmann más sacrificado y un Mbappé en versión demoledora.

En la final entre galos y albicelestes sucedió de todo. Primer tiempo de abrumadora hegemonía sudamericana, arriba 2-0. Con los cantos porteños subiendo de volumen ante el inminente triunfo, Mbappé se inventó un fulminante doblete en minuto y medio. De la nada 2-2, habría prórroga. Ahí, otro gol de Messi que de nuevo Kylian equilibró. Todavía en el suspiro final, Kolo Muani dispuso de una oportunidad clarísima que atajó providencial el *Dibu*, quien en los penales volvió a ser épico, empujando a Messi al último escalafón pendiente.

Ataviado con un *bisht*, prenda ceremonial qatarí que el emir le colocó para ese magno momento, el diez recibió la copa. •

Qatar 2022

TABLA DE GRUPOS Y RESULTADOS

Grupo A

Países Bajos	7
Senegal	6
Ecuador	4
Qatar	0

Qatar	0-2	Ecuador
Países Bajos	2-0	Senegal
Qatar	1-3	Senegal
Países Bajos	1-1	Ecuador
Senegal	2-1	Ecuador
Países Bajos	2-0	Qatar

Grupo B

Inglaterra	7
EE.UU.	5
Irán	3
Gales	1

Inglaterra	6-2	Irán
EE.UU.	1-1	Gales
Irán	2-0	Gales
EE.UU.	0-0	Inglaterra
Inglaterra	3-0	Gales
EE.UU.	1-0	Irán

Grupo C

Argentina	6
Polonia	4
México	4
Arabia Saudí	3

Argentina	1-2	Arabia Saudí
México	0-0	Polonia
Polonia	2-0	Arabia Saudí
Argentina	2-0	México
Argentina	2-0	Polonia
México	2-1	Arabia Saudí

Grupo D

Francia	6
Australia	6
Túnez	4
Dinamarca	1

Dinamarca	0-0	Túnez
Francia	4-1	Australia
Australia	1-0	Túnez
Francia	2-1	Dinamarca
Australia	1-0	Dinamarca
Túnez	1-0	Francia

Grupo E

Japón	6
España	4
Alemania	4
Costa Rica	3

Alemania	1-2	Japón
España	7-0	Costa Rica
Costa Rica	1-0	Japón
España	1-1	Alemania
Japón	2-1	España
Alemania	4-2	Costa Rica

Grupo F

Marruecos	7
Croacia	5
Bélgica	4
Canadá	0

Marruecos	0-0	Croacia
Bélgica	1-0	Canadá
Marruecos	2-0	Bélgica
Croacia	4-1	Canadá
Croacia	0-0	Bélgica
Marruecos	2-1	Canadá

Grupo G

Brasil	6	
Suiza	6	
Camerún	4	
Serbia	1	

Suiza	1-0	Camerún
Brasil	2-0	Serbia
Camerún	3-3	Serbia
Brasil	1-0	Suiza
Suiza	3-2	Serbia
Camerún	1-0	Brasil

Grupo H

Portugal	6	
Corea del Sur	4	
Uruguay	4	
Ghana	3	

Uruguay	0-0	Corea del Sur
Portugal	3-2	Ghana
Ghana	3-2	Corea del Sur
Portugal	2-0	Uruguay
Uruguay	2-0	Ghana
Corea del Sur	2-1	Portugal

Octavos de final

Países Bajos	3-1	EE.UU.
Argentina	2-1	Australia
Francia	3-1	Polonia
Inglaterra	3-0	Senegal
Japón	1-1	Croacia
	1-3 *en penales*	
Brasil	4-1	Corea del Sur
Marruecos	0-0	España
	3-0 *en penales*	
Portugal	6-1	Suiza

Cuartos de final

Croacia	1-1	Brasil
	4-2 *en penales*	
Países Bajos	2-2	Argentina
	3-4 *en penales*	
Marruecos	1-0	Portugal
Francia	2-1	Inglaterra

Semifinales

Argentina	3-0	Croacia
Francia	2-0	Marruecos

Tercer lugar

Croacia	2-1	Marruecos

Final

Argentina	3-3	Francia
Messi 23´		Mbappé 80´
Di María 36´		Mbappé 81´
Messi 108´		Mbappé 118´
	4-2 *en penales*	
Messi ✓		Mbappé ✓
Dybala ✓		Coman ×
Paredes ✓		Tchouameni ×
Montiel ✓		Kolo Muani ✓

"Tantas veces lo soñé, tanto lo deseaba, que aún no caigo, no me lo puedo creer (...) Esta Copa es también de todos los que no la lograron en los anteriores Mundiales que jugamos."

Lionel Messi.

Cuando se otorgó la sede a Qatar, no se consideró el peligroso calor de su verano (más de 42° c), como si para organizar un Mundial bastara con climatizar estadios. En 2015 se desplazaba el torneo a noviembre en una decisión sin precedentes.

Las controversias abundarían: por los derechos laborales de los trabajadores migrantes, por la persecución a la comunidad LGBTQ+, por la corrupción para la elección del emirato como anfitrión, porque Qatar fue aislada por sus vecinos de 2017 a 2021 bajo la acusación de patrocinar a grupos terroristas.

Por otro lado, sería una Copa del Mundo compacta como ninguna otra con 55 kilómetros como distancia máxima entre escenarios. Eso posibilitaría a los asistentes acudir a hasta tres juegos en un día.

A tres meses de la apertura se anunció que el cotejo de los locales contra Ecuador se adelantaba un día, al 20 de noviembre, para realizar una inauguración nocturna y anticiparse al Países Bajos-Senegal agendado el 21. A horas del comienzo, se cambió la regulación de venta de alcohol ya autorizada, prohibiéndose en los estadios. •

MÉXICO EN QATAR 2022

Se apostó por Gerardo Martino para meter al Tri a ese quinto partido tan anhelado y acariciado desde 1994... y no se accedió al cuarto.

El promisorio inicio en la Copa Oro 2019, pronto dio sitio a una desconfianza que iría aumentando. Por mucho que el boleto mundialista se logró sin problemas, esta selección despertaba animosidad, con el *Tata* muy alejado de sus elementos y descalabros en momentos cumbre. Para colmo no convocaría al joven artillero Santiago Giménez.

En el debut ante Polonia, el Tri sostuvo los ceros gracias a un penal atajado por Ochoa a Lewandowski. La combinación de resultados, con la derrota argentina frente a Saudiarabia, obligaba a puntuar en el choque con la albiceleste. Esa noche, México aglomeró defensas como jamás lo había hecho con Martino y su resistencia se derrumbó en la segunda mitad. Sólo se avanzaría a octavos goleando a los sauditas en el cierre. Pese a que Henry Martín y Luis Chávez pusieron el marcador 2-0 con 40 minutos por jugarse, el tercero no entró.

Se sellaba la peor actuación mexicana en un Mundial desde 1978. Crisis tan profunda como inocultable.

USA
10
MÉXICO
CANADA
19

Por primera vez tres países sede • 48 selecciones participantes • 104 partidos

MÉXICO · CANADÁ ESTADOS UNIDOS 2026

México y su Estadio Azteca, antes que nadie dos veces mundialistas, también serán pioneros recibiendo el torneo por tercera ocasión. Copa del Mundo que aumenta su aforo a niveles inimaginados, 48 selecciones, el doble del último Mundial organizado por México o el propio EE.UU. Los acompaña un anfitrión debutante, Canadá, dando forma al primer certamen trinacional.

Partidos programados		CAPACIDAD
5	Estadio Azteca, Ciudad de México	87 500
4	Estadio Monterrey, Nuevo León	53 500
4	Estadio Guadalajara, Jalisco	48 000
9	Dallas Stadium, Texas	94 000
8	NY/NJ Stadium, Nueva Jersey	82 500
8	Atlanta Stadium, Georgia	75 000
8	Los Angeles Stadium, California	70 000
7	Boston Stadium, Massachusetts	65 000
7	Houston Stadium, Texas	72 000
7	Miami Stadium, Florida	65 000
6	Arrowhead Stadium, Missouri	73 000
6	Seattle Stadium, Washington	69 000
6	Philadelphia Stadium, Pensilvania	69 000
6	San Francisco Bay Stadium, Calif.	71 000
7	BC Place, Columbia Británica	54 000
6	Toronto Stadium, Ontario	45 000

El mundial de 48

Del Mundial más compacto, ese en el que numerosos estadios se enlazaban en transporte público en un día y no era necesario cambiar de hotel para seguir los partidos en Qatar, pasamos al certamen a disputarse en la extensión geográfica más grande.

Pese a lo que se suele pensar, Rusia 2018 no tuvo las mayores distancias al concentrar sus 12 estadios en su costado occidental, es decir, en su cara europea. El traslado más largo resultó de 2,500 kilómetros (de Kaliningrado, en el Báltico, a Ekaterimburgo, al inicio de Siberia), lejos del récord entre escenarios de un mismo Mundial. En Estados Unidos 1994 ya hubo separaciones por encima de 4 mil kilómetros o en Brasil 2014 superiores a 3 mil.

Esta vez se elevará la marca más allá de los 5 mil kilómetros. Por ello, la FIFA clasificó las 16 ciudades en tres regiones.

- Este: Toronto, Boston, Nueva York/Nueva Jersey, Filadelfia, Atlanta, Miami.
- Central: Kansas City, Dallas, Houston, Monterrey, Guadalajara, Ciudad de México.
- Oeste: Vancouver, Seattle, San Francisco, Los Ángeles.

La intención es que, al menos en las primeras rondas, las selecciones concentren su actividad en una zona.

Un Mundial que al ampliarse a 48 equipos planteó la idea de comenzarlo con una fase preliminar de 16 grupos con tres integrantes, de donde saldrían 32 para encontrarse en dieciseisavos de final. Eso se modificó bajo la preocupación de que podían pactarse resultados en el cierre de cada sector, sabiendo los dos contendientes lo que necesitaban para avanzar en detrimento del tercero que ya habría jugado sus dos duelos. Ese proyecto era de 80 partidos (16 más que los anteriores, con 32 representativos). Al cambiarse el esquema a doce grupos de cuatro, de los que calificarán incluso ocho terceros lugares para tener a 32 enfrentados en dieciseisavos, el total terminó escalando a 104 cotejos. La final fue adjudicada al estadio que está en el límite entre Nueva Jersey y Nueva York. En algún momento, Dallas y Los Ángeles apuntaron a recibir la jornada más trascendente del torneo, pero la FIFA se decantó por el templo que comparten Gigantes y Jets en la NFL.

La feroz contienda

EE.UU. no dudaba que le concederían la sede de 2022. Varios miembros del Comité Ejecutivo de la FIFA le habían prometido su voto en esa asamblea de 2010 y finalmente lo hicieron por Qatar. Se especula que parte de su molestia, al sentirse traicionados, se canalizó en el FIFA-Gate de 2015, en buena medida los arrestos fueron por utilizar la banca estadounidense para blanqueo de capitales.

Distribución de plazas

Desde que la FIFA formuló el incremento de 32 a 48 selecciones, enfatizó que las confederaciones más poderosas no serían las más beneficiadas.

De las 16 nuevas plazas, a Europa nada más le otorgaron tres, al tiempo que Sudamérica dispone de dos adicionales. África y Asia, que boicotearan juntas Inglaterra 1966 por tener que dirimir un boleto entre las dos, suben significativamente su presencia y Oceanía al fin contará con un acceso directo, sin requerir de playoff contra otra zona geográfica. Por último, los tres anfitriones son de Concacaf, lo que abre el camino para Centroamérica y el Caribe en la disputa de tres sitios en el Mundial, aparte de dos en repesca.

Así que para 2026 volvió a presentarse. En un principio, tendía a competir con sus dos vecinos (Canadá y México), y contra la eterna aspirante, Marruecos.

No obstante, en 2017 los tres países norteamericanos se aliaban en una candidatura. Un año después, cuando Rusia 2018 estaba por empezar, derrotaban a Marruecos, que acumulaba su quinto intento fallido por organizar el Mundial.

El sistema de elección cambiaba tras el escándalo que rodeó a las dos sedes otorgadas en 2010. Antes apenas participaban los 24 dirigentes del Comité Ejecutivo y, en caso de empate, definía el presidente de la FIFA. Ahora votó cada federación afiliada a la FIFA, salvo por las escritas en la boleta. Con el nombre United Bid (candidatura unida), Canadá-EE.UU.-México sumaron 134 votos por 65 de Marruecos, casi todos provenientes de su confederación, África. Concacaf vivirá su cuarta Copa del Mundo.

Antecedentes

Hubiera bastado la coronación de Pelé y lo hecho por ese hermoso cuadro brasileño en el Estadio Azteca en la final de 1970, para dotar a este coliseo de una categoría superior al resto. Sin embargo, lo de Diego Armando Maradona en 1986, quizá los tres partidos más importantes de su carrera, catapultó al santuario en definitiva a otra dimensión (no sólo la final, también anotó ahí sus icónicos goles ante Inglaterra en cuartos y Bélgica en semifinales).

El Azteca posee un aura inigualable. A pesar de que en 2026 no se proclamará al campeón sobre su césped y dejará de albergar cotejos luego de octavos de final, nadie duda del profundo simbolismo de tenerlo inaugurando su tercer Mundial.

Los otros dos escenarios mexicanos en el torneo, las modernas casas de Chivas y Rayados, no existían en 1986. En cuanto a las designadas de EE.UU. para 2026, todas debutan en Mundiales (lo más cercano son Nueva Jersey/Nueva York y Boston, construidos sus futuristas colosos en ubicaciones próximas a las recurridas en 1994).

EL ENIGMA

La trayectoria de dos delanteros italianos nos permite comprender el misterio escondido tras el velo de un Mundial. Entre Paolo Rossi y Salvatore Schillaci ni siquiera sumaron treinta goles con la selección nacional, aparte de que ninguno de ellos llegó a 200 tantos en su carrera. Sin embargo, sí que anotaron en el momento cumbre: el primero, seis veces en 1982 para llevar a la *Azzurra* al título, el segundo otras seis en 1990 para colocarla en tercer sitio.

La historia de los únicos italianos líderes de goleo en Copas del Mundo expone demasiado sobre la incógnita de esta competición. Así como algunos de los atacantes más prolíficos también reventaron redes en Mundiales (por ejemplo, Pelé, Eusebio, Gerd Müller, Ronaldo, Lionel Messi), este certamen suele dejar un amplio margen para estrellas fugaces que encenderán oportunas para después apagarse.

Otro dato relevante: apenas en cinco ediciones (23% de los torneos) ha terminado por coronarse el equipo que *a priori* era catalogado como favorito. A eso añadamos otra tendencia en la que el campeón defensor no superó la etapa de grupos en cuatro de los seis Mundiales disputados en este siglo.

¿Resurgirán Alemania e Italia luego de las peores rachas que sus respectivos futboles hayan vivido? ¿Será capaz Argentina de hilvanar cetros consecutivos, hecho inédito desde 1962? ¿Acabará Brasil con 24 años de sequía, exactamente los que pasó sin alzar el trofeo entre 1970 y 1994? ¿Francia volverá a plantarse en la final como en las dos ocasiones anteriores? ¿La nueva generación española copiara a la de 2010 saltando de monarca europea a mundial? ¿Inglaterra trasladará al fin a la cancha aquel canto de que el futbol regresa a casa? ¿Se abrirá el club de los ganadores al noveno campeón del mundo, acaso con algunos que han estado cerca como Países Bajos o Portugal?

2026

No se vio venir a Marruecos como sorpresa en 2022, como tampoco a Croacia en 2018, ni a Costa Rica en 2014 o a Turquía en 2002. Mucho menos se intuyó que trabucos como Francia y Argentina quedaran fuera de inmediato en 2002, ya no decir lo de España en 2014 o lo de Alemania en 2018.

El incremento a 48 selecciones y la consiguiente calificación a fases nocaut de dos terceras partes de los contendientes, tiende a aligerar el trazado de entrada, aunque sólo daría todo por zanjado quien nunca haya observado Mundiales. Una cosa es que coronarse está reservado a poquísimos, otra muy distinta es que el camino a la final resulte libre de imprevistos.

Entre los enigmas es inevitable incluir a México. Por más de dos décadas nos acostumbramos tanto a acceder a octavos que dejó de bastarnos, valorándose lo que se tenía justo al perderlo en Qatar. En el proceso actual el Tri ha sido guiado por tres directores técnicos (como habrán leído en este libro, algo que ya aconteció más de lo que quisiéramos) y dispone de una camada de futbolistas urgida de reivindicarse. El conjunto mexicano aprovechó los anteriores Mundiales en casa para jugar sus únicos cuartos de final. Si en 1970 se trató del cuarto partido (no existían los octavos de final) y en 1986 del quinto, en 2026 eso obligará al sexto (ya hay dieciseisavos).

De la Copa del Mundo de 1930 en una misma ciudad y con trece selecciones inscritas, brincamos a la de 2026 en tres países y con 48, recordando que para 2030 esto se eleva incluso a tres continentes.

Si la FIFA se ha atrevido a semejante ampliación es porque está convencida de una realidad: sin importar que el nivel disminuya un tanto en las primeras rondas, la magia del Mundial no cambia ni cambiará. Magia que, como recorrimos juntos en estas páginas, es imprescindible hoy para entender a la humanidad. ⚽

EL MAYOR OBJETO DEL

Cuando en 1970 Brasil ganó en propiedad definitiva la Copa Jules Rimet, muchos pensaron que la FIFA sustituiría ese trofeo por otro idéntico. No obstante, se abrió una convocatoria respondida con 53 bocetos. El del italiano Silvio Gazzaniga se distinguió por incorporar una versión tridimensional con materiales como plastilina y yeso, luego de que su padre le señalara que en el dibujo no se apreciaba la idea. Quizá eso ayudó a su elección.

Las críticas no demoraron. Tampoco las comparaciones con un helado en cono. Como sea, esas dos figuras humanas alzando los brazos triunfalmente y sosteniendo el globo terráqueo, se transformarían en símbolo supremo de la gloria. En su base se inscriben los campeones desde 1974, espacio disponible hasta 2038.

Gazzaniga viviría 95 años para ser testigo de lo que su creación llegó a representar. Su copa la han recibido los siguientes capitanes: Franz Beckenbauer en 1974, Daniel Passarella en 1978, Dino Zoff en 1982, Diego Armando Maradona en 1986, Lothar Matthäus en 1990, Dunga en 1994, Didier Deschamps en 1998, Cafú en 2002,

DESEO EN EL DEPORTE

Fabio Cannavaro en 2006, Iker Casillas en 2010, Philipp Lahm en 2014, Hugo Lloris en 2018 y Lionel Messi en 2022.

Contrario a lo que se temía, el cambio de trofeo no disminuyó en absoluto su mística. En 1983, justo cuando el galardón esbozado por Gazzaniga adquiría máximo reconocimiento, la vieja Copa Jules Rimet fue robada en Río de Janeiro. En un misterio sin resolver, nunca aparecería y la teoría más aceptaba es que los criminales la fundieron para vender su oro (de ser cierto, poco provecho sacaron ya que era de plata bañada en oro). Por esos años, Brasil decidió portar como logotipo en el uniforme una imagen de esa copa desvanecida y mitificada. La misma que perdieron en el Maracanazo, para después conquistar tres veces. La que subsistiera de la manera más ingeniosa a un posible hurto de los nazis al ocupar Roma en 1943 en la Segunda Guerra Mundial: oculta dentro de una caja de zapatos bajo la cama del dirigente italiano Ottorino Barassi.

Por siempre objeto del deseo del deporte, la fisonomía de la estatuilla no modificó nada. Igual euforia antaño con la diosa alada de la victoria, que desde 1974 con ese mundo coronando a dos exultantes individuos.

RÉCORDS

Más Copas del Mundo

Brasil	5
Alemania	4
Italia	4
Argentina	3
Francia	2
Uruguay	2
España	1
Inglaterra	1

Más finales jugadas

Alemania	8
Brasil	7
Italia	6
Argentina	6
Francia	4

Más participaciones en Mundiales

Brasil	22
Alemania	20
Argentina	18
Italia	18
México	17

Jugadores con más partidos

Lionel Messi	(Arg)	26
Lothar Matthäus	(Ale)	25
Miroslav Klose	(Ale)	24
Paolo Maldini	(Ita)	23
Cristiano Ronaldo	(Por)	22

Jugadores con más goles

Miroslav Klose	(Ale)	16 en 4 Mundiales
Ronaldo	(Bra)	15 en 4 Mundiales
Gerd Müller	(Ale)	14 en 2 Mundiales
Just Fontaine	(Fra)	13 en 1 Mundial
Lionel Messi	(Arg)	13 en 5 Mundiales
Pelé	(Bra)	12 en 4 Mundiales
Kylian Mbappé	(Fra)	12 en 2 Mundiales

Más goles en finales

Kylian Mbappé	(Fra)	4 en 2 finales
Geoff Hurst	(Ing)	3 en 1 final
Pelé	(Bra)	3 en 2 finales
Vavá	(Bra)	3 en 2 finales
Zinedine Zidane	(Fra)	3 en 2 finales

MUNDIALES

Copa Del Mundo		Campeón	Director Técnico
Uruguay	1930	Uruguay	Alberto Suppici
Italia	1934	Italia	Vittorio Pozzo
Francia	1938	Italia	Vittorio Pozzo
Brasil	1950	Uruguay	Juan López Fontana
Suiza	1954	Alemania Federal	Sepp Herberger
Suecia	1958	Brasil	Vicente Feola
Chile	1962	Brasil	Aymoré Moreira
Inglaterra	1966	Inglaterra	Alf Ramsey
México	1970	Brasil	Mario Zagallo
Alemania Federal	1974	Alemania Federal	Helmut Schön
Argentina	1978	Argentina	César Lus Menotti
España	1982	Italia	Enzo Bearzot
México	1986	Argentina	Carlos S. Bilardo
Italia	1990	Alemania Federal	Franz Beckenbauer
Eua	1994	Brasil	Carlos A. Parreira
Francia	1998	Francia	Aimé Jacquet
Corea-Japón	2002	Brasil	Luiz Felipe Scolari
Alemania	2006	Italia	Marcello Lippi
Sudáfrica	2010	España	Vicente Del Bosque
Brasil	2014	Alemania	Joachim Löw
Rusia	2018	Francia	Didier Deschamps
Qatar	2022	Argentina	Lionel Scaloni

ALBERTO LATI

1978

A los 11 años, Alberto aprovechó las vacaciones de verano para emprender un proyecto que marcaría su infancia: escribir un libro sobre las Copas Mundiales. El ejercicio consistió más bien en anotar en un cuaderno escolar todos los resultados y goleadores de los Mundiales, completando sus registros al acudir a la hemeroteca de la capitalina Ciudad Universitaria.

El efecto de ese "libro" fue que terminara memorizando los momentos cumbre del futbol y, más importante, que tan pequeño descubriera su pasión por unir letras y balón.

36 años y nueve Mundiales después, salda esa vieja deuda con la publicación de *La apasionante historia de los Mundiales*, ejemplar cargado de curiosidades, anécdotas, contextos y referencias políticas de cada certamen mundialista. Se trata de su octavo libro tras *Latitudes. Crónica, viaje y balón* (DeBolsillo, 2016), *Aquí, Borya* (Grijalbo, 2018), *100 genios del Balón* (Ediciones B, 2019), *100 dioses del Olimpo* (Ediciones B, 2020), *20 pelotazos de esperanza en tiempos de crisis* (Ediciones B, 2020), *Genios de Qatar* (Ediciones B, 2022) y *100 glorias de México* (Ediciones B, 2024).

Periodista con seis Copas del Mundo cubiertas, con 30 años de labor en medios de comunicación, entrevistador de las mayores figuras que hayan jugado futbol, escritor, viajero, conferencista, en su octavo libro nos introduce a la competición que logra como ninguna que los adultos vibren como niños y los niños sueñen que anotan como *cracks*.

ÍNDICE

LA DIOSA DE LAS PASIONES 10
URUGUAY 1930 13
ITALIA 1934 19
FRANCIA 1938 25
BRASIL 1950 31
SUIZA 1954 37
SUECIA 1958 43
CHILE 1962 49
INGLATERRA 1966 55
MÉXICO 1970 61
ALEMANIA FEDERAL 1974 67
ARGENTINA 1978 73
ESPAÑA 1982 79
MÉXICO 1986 87
ITALIA 1990 95
ESTADOS UNIDOS 1994 103
FRANCIA 1998 111
COREA-JAPÓN 2002 119
ALEMANIA 2006 127
SUDÁFRICA 2010 135
BRASIL 2014 143
RUSIA 2018 151
QATAR 2022 159
MÉXICO · CANADÁ
ESTADOS UNIDOS 2026 167
EL ENIGMA 2026 170
EL MAYOR OBJETO
DEL DESEO EN EL DEPORTE 172
RÉCORDS MUNDIALES 174
SOBRE EL AUTOR 177

Esta obra se terminó de imprimir
en el mes de septiembre de 2025,
en los talleres de Litográfica Ingramex S.A. de C.V.,
Ciudad de México.